建築家の
自邸に学ぶ
設計製図

New textbook
for architectural
drawing

水谷俊博
水谷玲子

彰国社

はじめに

「製図の本は面白くない！」というような意見を学生のみなさんからよく聞くことがあり、何とか、教科書然とした取っ付きにくさをなくし、かつ建築に対する興味や刺激を提供できるような本ができないだろうか、という思いから本づくりをスタートしました。この本は、日本の現代建築において各世代を代表する建築家3人が設計した自邸作品を題材として設計の思想に触れ、製図の技術を学ぶ、という構成が大きな特色です。技術的な側面ばかりでなく建築（家）自体の魅力も知る機会を重ねられるようにと考えました。

建築家にとって自邸の設計とは自らの設計思想を具現化するチャンスです。第三者（諸条件の規制や、クライアントの要望など）の制約が少ない分、実験的な取り組みによって既成概念を打ち破る作品が発表されることも稀ではありません。そういう意味で、取り上げる3作品は「一般的な」住宅とは対極にある作品ではありますが、建築家の思想が前面に表現されているという意味で建築家の思いが"わかりやすい"代表作ともいえます。

前川國男は、欧米のモダニズムの流れを受け、テクスチャーなどの素材を活かした日本的なモダニズムを、公共建築を通じて広く展開した戦前戦後期を代表する建築家。自邸は、モダニズムの思想と日本の伝統的要素を調和させた作品です。

菊竹清訓は、新陳代謝理論を唱え、1960年代にメタボリズムのムーブメントの中心になった建築家であり、実作を通じて建築の更新性という新しい概念を打ち出しました。その更新性は、現在でも建築を考えるうえで重要なキーとなっています。自邸は、その建ち姿の斬新さと将来の増改築への可能性を含めたプランニングが見どころです。

そして、伊東豊雄は、ライトアーキテクチャーの実践を自邸シルバーハットで試みました。以後、軽やかで境界をなくしていく建築のデザインおよび構造システムなどの新しい試みを展開し続けており、自邸はその出発点であるといえ、2010年代の現代の建築へも大きな影響を与えています。

このように、この本で取り上げた3作品とも建築家にとって、建築家自身の思想を実現した初期の代表作であり、その後の建築の社会的側面に広く影響を与えました。木造、鉄筋コンクリート造、鉄骨造と構造を異にする点でも、3作品が放つ魅力はそれぞれに興味深く、図面表現から構造上の特徴を読み解く良い機会になるでしょう。冒頭でも述べましたが、建築製図においては単にルールやスキルを習得するためだけの作業に終わるのはもったいないと思います。実際に図面を描く（あるいは読む）という行為を体験するなかで、建築家の情熱に触れ、自分自身の設計における新たな発見につながることを期待しています。

本書は、CHAPTER1の図面の基本的なルールを学ぶことからはじまって、CHAPTER2、3の図面のトレースへと続きます。後半では、CHAPTER4で図面を読み込んで建築の魅力に迫る「図面の読解」、CHAPTER5で実際に実測することから建築をとらえて図面を描く「製図」を学ぶ構成になっています。初めて取り組む人にわかりやすく、学年が上がって、あるいは社会に出て、建築に関するさまざまな知識や経験を得てからも、研究や実務の参考として長く活用していただける内容です。

最後に、この本が（大学の授業を卒業した後も含めて）、建築の大いなる潮流に触れる、みなさんにとっての羅針盤のひとつになればと願っています。

2018年9月　水谷俊博

目次

はじめに ... 003

CHAPTER 1
製図の基本

LESSON1	図面は建築家のコミュニケーションツール	008
LESSON2	設計の流れと図面	010
LESSON3	図面の種類	014
LESSON4	図面を描く道具	016
LESSON5	図面を描く基本 その1／縮尺と図面	018
LESSON6	図面を描く基本 その2／基準線・通り芯	022
LESSON7	図面を描く基本 その3／線の種類を使い分けよう	026
LESSON8	図面を描く基本 その4／線の引き方	028
LESSON9	いろいろな製図記号を理解しよう	030
LESSON10	階段の描き方をマスターしよう	032
LESSON11	図面を美しく見せるレイアウトと文字	034

CHAPTER 2
図面を描く1　前川國男自邸

PROLOGUE	前川國男自邸について	040
	前川國男自邸　図面	042
LESSON0	描く前の準備	052
LESSON1	配置図兼1階平面図を描く	058
LESSON2	2階平面図を描く	072
LESSON3	A-A'断面図を描く	076
LESSON4	南立面図を描く	084

図面レイアウト参考例 ... 056

CHAPTER 3
図面を描く2　スカイハウス

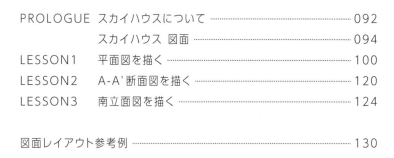

PROLOGUE	スカイハウスについて	092
	スカイハウス 図面	094
LESSON1	平面図を描く	100
LESSON2	A-A'断面図を描く	120
LESSON3	南立面図を描く	124

図面レイアウト参考例　130

CHAPTER 4
図面を読む　シルバーハット

PROLOGUE	シルバーハットについて	136
LESSON1	平・立・断3つの図面の対応を考えよう	138
LESSON2	一般図を読む	140
LESSON3	詳細図を読む	142
LESSON4	描く手順に沿って図面を読んでみよう	144
LESSON5	ディテールのデザインを読む	148

CHAPTER 5
図面をつくる　実測

LESSON1	実測とは？	154
LESSON2	道具をそろえよう／実測調査の準備	156
LESSON3	作業のすすめ方	157
LESSON4	ひと部屋の実測をしよう	158

事例紹介：「石神井台の家」の実測と改修　166

付録：線の練習　172
おわりに　174

図面の作成方針

本書に収録される前川國男自邸、スカイハウス、シルバーハットの図面については以下の資料を元に作図・編集を行った。

【前川國男自邸】

- 設計:前川國男建築設計事務所、復元設計:文化財建造物保存技術協会
- 資料:「江戸東京たてもの園　前川國男邸復元工事報告書」公益財団法人東京都歴史文化財団　江戸東京たてもの園(1999年)
- 復元工事の竣工図面をCADでトレースし、また本文の解説に応じて、図面表現を一部加工した。設計製図の教本として、実際の建築と図面を比較することで理解が進むように配慮し、復元建造物の実測調査を行い、実際の建築に基づいた表現に加工した部分がある(階段手すり、同踏板、建具、造作家具)。

*p.18配置図、p.20居間北側丸柱まわり部分詳細図は、江戸東京たてもの園に移築される以前の図面を参照した。

【スカイハウス】

- 設計:菊竹清訓建築設計事務所
- 資料:菊竹清訓建築設計事務所提供「スカイハウス設計図」
- 資料の図面をCADでトレースし、外構など一部の表現を省略した。原図に表記のない表現であっても、本文の解説に応じて適宜追記した。

【シルバーハット】

- 設計:伊東豊雄建築設計事務所
- 資料:伊東豊雄建築設計事務所提供「シルバーハット設計図」
- 資料の図面をCADでトレースし、本文の解説に応じて表現を加工した。

CHAPTER 1
製図の基本

LESSON 1
図面は建築家のコミュニケーションツール

建築家の役割は、一言で表現すると「建築（空間）をデザインすること」です。建築のデザインは、建築の建て主（施主：せしゅ。クライアントともいい、建築家にとってのお客様です）と建築家とのあいだで、理想の空間像を話し合うことからはじまります。建て主がもつ空間のイメージを、建築家が図面に表現してイメージを形にしていきます。その過程で建築家が建て主、施工者（建設工事を担う者）、ほかの専門家などととるコミュニケーションは、すべて図面を通して行うため図面は大切なツールなのです。

また、建築家の重要な役割に設計意図を施工者に伝えることがあり、図面に表現して行います。この図面集一式を「設計図書」（p.10参照）といい、空間デザインのほか、構造・設備の仕様、使用する材料、工程上の留意事項など、必要な指示を盛り込みます。現場で施工がはじまると、建築家は設計図書通りに工事が進んでいることを確認する大切な役割があります（これを設計監理といいます）。具体的な色や素材は、現場でサンプルをつくって確認をすることもあります。

建築家はほかの専門家（構造、設備、照明、ランドスケープデザインなどの専門家）と協働して「設計図書」を完成させますが、このコミュニケーションも相互に図面を表現して行います。図面が描けるようになることは大切ですが、ほかの建築家が表現した図面を読めるようになることも重要なのです。

このように、建築家はコミュニケーションの場面や目的、相手に応じて適切な図面を描き、読みます。建築ができるまでには多くの人がかかわるため、だれが見てもわかるように図面には共通のルールがあります。共通のルールに沿って描くことで、間違いなく工事を行うことができます。

本章では、図面を描く・読むための基本的なルールを、学んでいきます。

設計の流れ

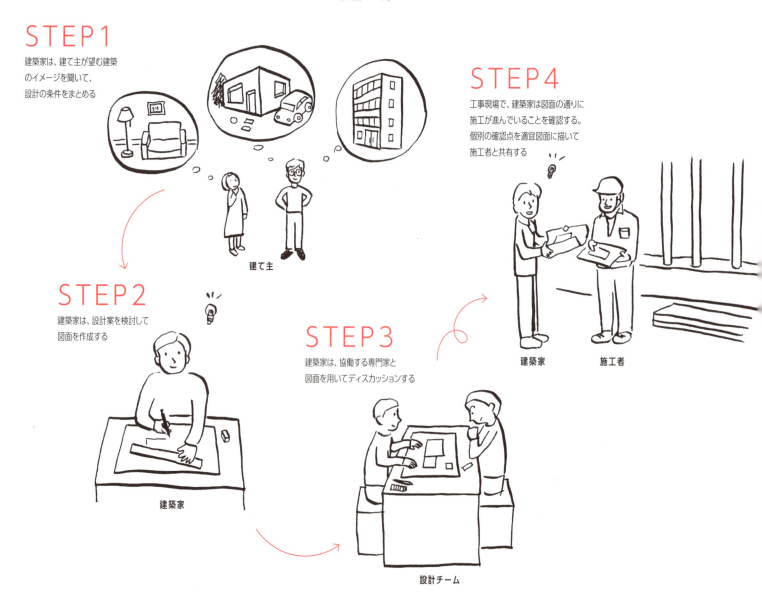

STEP1 建築家は、建て主が望む建築のイメージを聞いて、設計の条件をまとめる

STEP2 建築家は、設計案を検討して図面を作成する

STEP3 建築家は、協働する専門家と図面を用いてディスカッションする

STEP4 工事現場で、建築家は図面の通りに施工が進んでいることを確認する。個別の確認点を適宜図面に描いて施工者と共有する

ONE POINT / 図面と並行して考えるスケッチと模型

STEP1

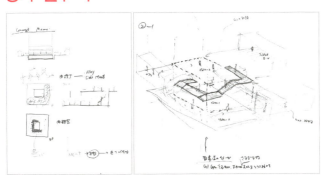

スケッチ
設計の初期段階のコンセプト、ヴォリュームスタディ*で描くものから、中盤・最終段階に細部のデザイン検討のために描くものまで、常に設計の検討に用いる
*建築のおおよその規模(面積、高さ、階数)、配置の検討。

STEP2

スタディ模型
設計の検討(スタディ)中に、ヴォリュームスタディや空間イメージを把握するためにつくる模型。検討したい部分の特徴が把握できるように、建築全体、建築の一部分など、つくる範囲、縮尺、仕上げの表現はその検討の対象によって変える

STEP3

パース
設計途中で作成するパースは、空間イメージの把握や設計の複数案の比較検討のために作成するが、手描き、模型写真への描き込み、CGなどさまざまな表現方法がある。建築の完成イメージを表現するパースは、建築以外に人や周辺環境を描き込んで仕上げる。初心者が習得しやすい3DモデリングソフトSketchUpなどを使ってみるのもよい

STEP4

完成模型
建築全体の完成イメージを、展示に使うことを想定して、プラスチックなど耐久性のある素材を用いて表現する。竣工後に建物内に展示されているものを見たことがあるだろう

STEP5

モックアップ(原寸大サンプル)
建築は、その建築固有のデザインが多く、既成にないものを制作することがある。その性能、デザイン、色などをあらかじめ確かめるため、試作品を現場や部材製造工場などで作成する。原寸大でつくることで、スケール感の確認や、構造面の検証に役立つ

設計の進行中は、設計図面の作成と並行してスケッチや模型などのツールを用い、設計意図や建築の完成イメージを図面以外のかたちで表現することがあります。これは、図面に精通していない建て主にとってわかりやすいだけでなく、建築家自身が案の妥当性(デザイン性、技術的側面など)を確認するうえでも重要です。ただ図面を描くだけでなく、多様な方向からの検討の蓄積をふまえて、建築はできあがっていきます。

設計の各フェーズで、設計者は、ここに紹介した模型、パース、スケッチなどの表現のなかから使いやすい表現を選択して検討に用います。

模型についていえば、建築の規模にもよりますが、敷地と周辺環境との関係を検討するヴォリューム模型(縮尺~1/200)、建築の空間構成を検討する模型(縮尺1/50~1/200)、建築の細部を検討する部分模型(縮尺1/10~1/30)など、目的別に縮尺を変更して、制作します。

LESSON 2
設計の流れと図面

CHAPTER 1 製図の基本

ひとつの建築を設計するとき、建築家は図面集「設計図書」を作成しています。簡単なスケッチ1枚から生まれる建築のイメージが、図面集として表現されるまでの過程を、設計の流れ（フロー）の概略と、各段階で作成する図面によって紹介します。たくさんの情報があり、戸惑うかもしれませんが、大きな流れをとらえるように見てみましょう。

表1に示す設計フローの中に、「平面図」「断面図」が繰り返し登場します。これに「立面図」を加えた3図面が、建築空間を表現する基本の図面です。これらの図面をまとめて一般図といいます。

実施設計の段階に進むと図面の種類が増え、「詳細図」が登場します。詳細図は、建築のより細かな部分をデザインして詳しく表現する図面です。たとえば、壁、床、天井の構成、建具、階段などのデザインを材料名と寸法をともなって具体的に表現します。

以下に示す例の図面は、設計の流れの順に、基本設計の「平面図」（図1）、実施設計の「矩計（かなばかり）図」（図2）「建具表」（図3）「雑詳細図」（図4）、設計監理の「躯体（くたい）図*（施工図に含まれる）」（図5）を示しています。各図面から読み取れる情報を見てみましょう。

本書で学ぶ図面作成（CHAPTER2・3）はフローの中の「基本設計」を目標にし、図面の読解（CHAPTER4）は一部「実施設計」にも触れています。

*建築の主要な構造を形成している部分のことを躯体という。

STEP1
基本計画（基本構想）
建築計画のコンセプトを決定し、ラフな建築の構成を表現したものを作成する

- 配置計画のスケッチなど
- ヴォリュームスタディ（ラフ平面図、ラフ断面図）
- 法規チェック
- 予算検討

STEP2
基本設計
建築の面積、階数、高さなどや、配置計画、空間構成を決めて、設計図書としてまとめる

- 仕上表
- 平面図 →図1
- 立面図
- 断面図
- 配置図
- 構造、設備概要
- 法規チェック
- 概算書

図面は、全体構成の概要がわかる程度に、表現が簡略化される場合もある

STEP3
実施設計
建築の施工ができるよう、各部の仕様を決定し設計図書としてまとめる

- 仕様書
- 仕上表
- 一般図（平・立・断）
- 詳細図（平、矩計）→図2
- 展開図、天井伏図
- 建具表 →図3
- 部分詳細図、雑詳細図 →図4
- 構造設計図
- 設備設計図（機械、電気）
- 積算書

STEP4
設計監理
設計図書通りに工事が進捗しているか、施工計画が適切か確認する

- 施工計画書
- 施工図 →図5
- 詳細図、原寸図
- その他施工に関する書類

表1）設計のフローと主要な図面

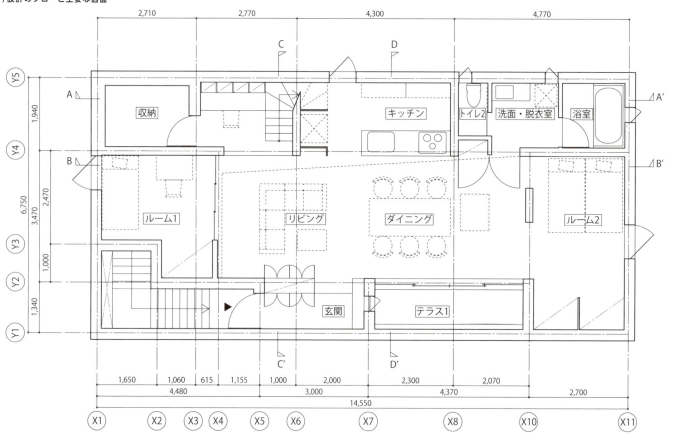

図1）平面図の例　2階平面図　S＝1/100
基本設計段階で作成する図面。建築の規模、空間構成が伝わる内容が表現されている

010

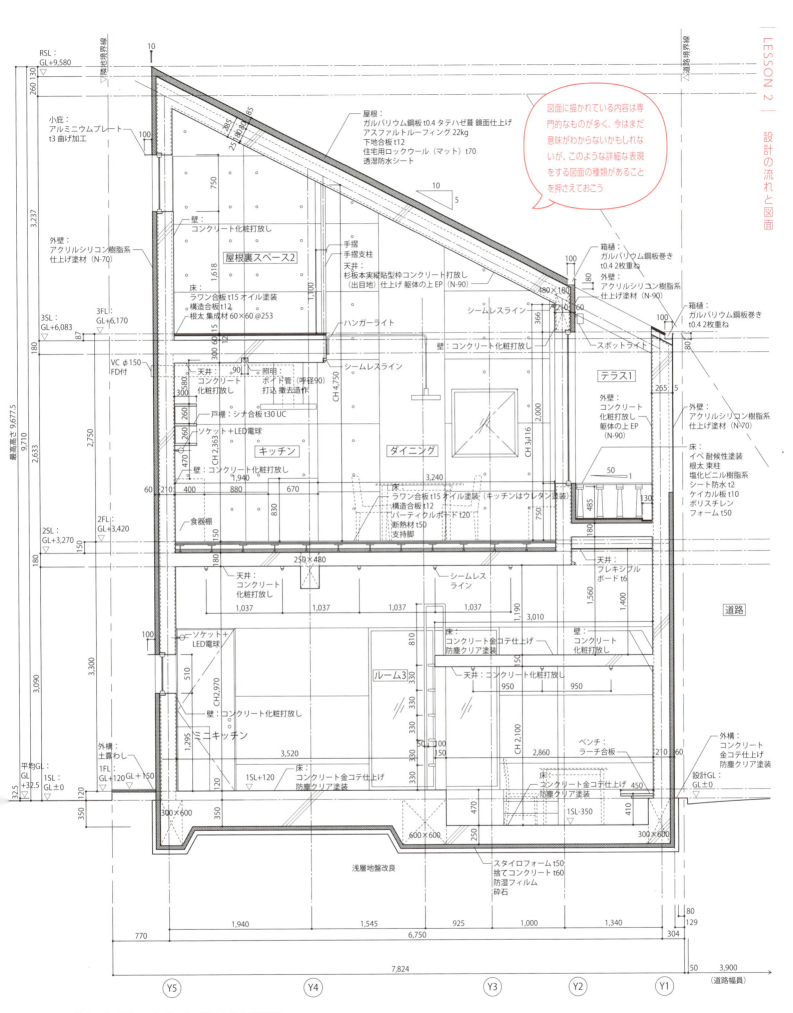

図2）矩計図の例　矩計図　S＝1/50　（図1のD-D'断面図）

実施設計段階で作成する図面。矩計図とは断面の詳細図のこと。壁、床、天井は仕上げの仕様と、内部の部材構成まで表現する。高さや厚さ、勾配など寸法が細かく記入されていることも特徴

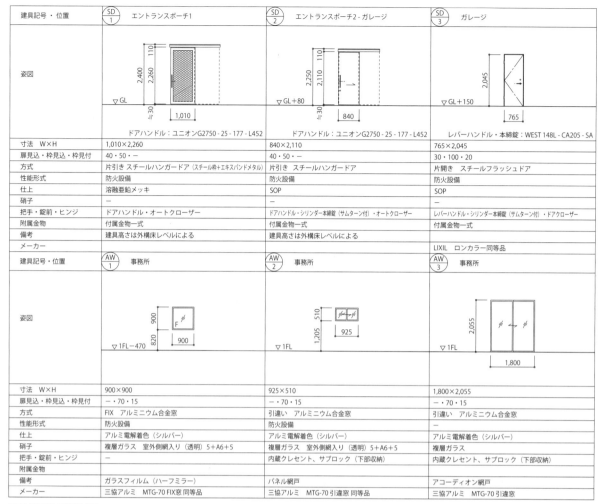

図3）建具表の例（抜粋）
建築内のすべての建具について、姿図、寸法、形状、仕様（鍵の有無、自動開閉の有無など）を一覧表に表現する

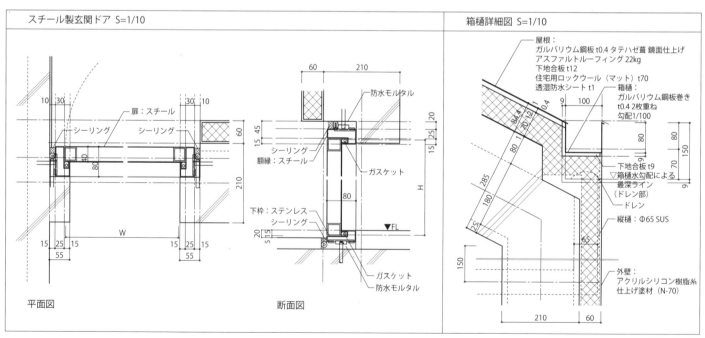

図4）雑詳細図の例（抜粋）
建具まわりなどの部分の詳細な仕様のほか、特に既製品ではなくオーダーメイドで作成する部分は必ず図面に表現する

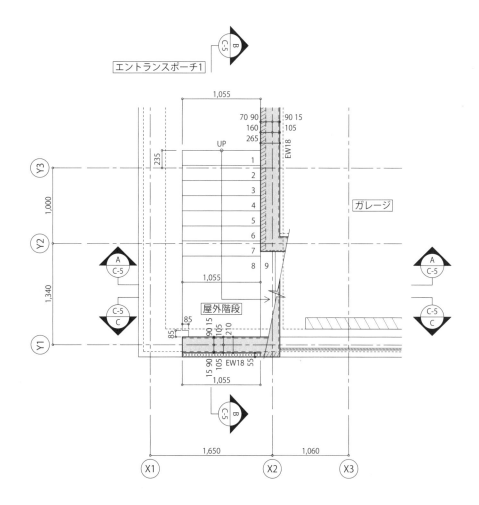

1階平面図

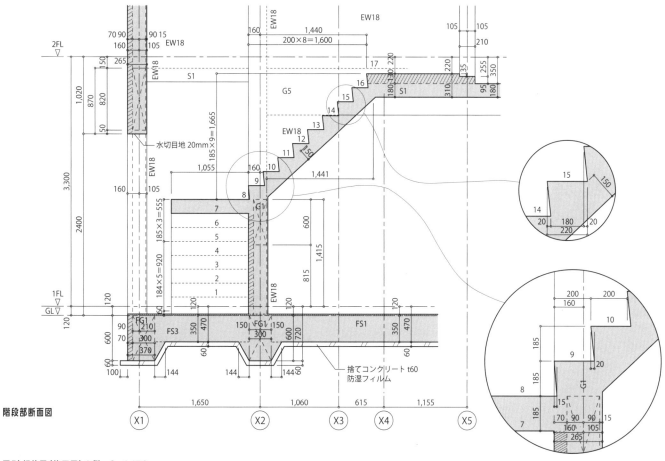

階段部断面図

図5）躯体図（施工図）の例　S＝1/50
建築の施工がはじまると、施工者が施工のための図面を作成する。これを総称して「施工図」という。そのなかの躯体図には、躯体の施工計画が表現されるので、建築家はそれが適切かどうか確認する

| CHAPTER 1 | 製図の基本

LESSON 3
図面の種類

基本となる3図面「平面図」「立面図」「断面図」を中心に、主な建築図面の種類について見てみましょう。

立体である建物を2次元の紙に表現するので、各図面は建物のある一部分を切り取って表現します。建物を切り取る位置、方向が図面の名称とかかわっています。住宅の建物を例に、建築図面で表現して、図面と建物との対応を考えてみましょう。

基本となる3図面

断面図

建物の高さ方向の空間構成や寸法がわかるように表現する図面。建物を垂直方向に切断して、その切り口を横から見た状態を描きます。切断する位置は、図面作成者が自由に決めることができますが、設計の内容を適切に伝えられる位置はどこかを見極めるとおのずと切断位置は決まってきます。異なる2方向から切断した断面図を2面以上作成することが多く、図面名称は「A-A′断面図」「B-B′断面図」などといいます（p.25参照）。

平面図

建物各階の水平方向の空間構成（間取りなど）や寸法を表現する図面。基本的に床面の高さ（FL:フロアレベルという）から1,000～1,500mmの高さ*の位置で建物を水平に切断して、その切り口を見下ろした状態を描きます。基本的に各階ごとに1図面を作成し、図面名は「1階平面図」「2階平面図」などといいます。地下階も地上階と同様に床面から1,000～1,500mmの高さから描きます。図面名は「地下1階平面図」です。
*建築では長さの単位はmm（ミリメートル）を用い、単位記号は省略することが多い。「1,000」といえば1,000mm（=1m）のこと。

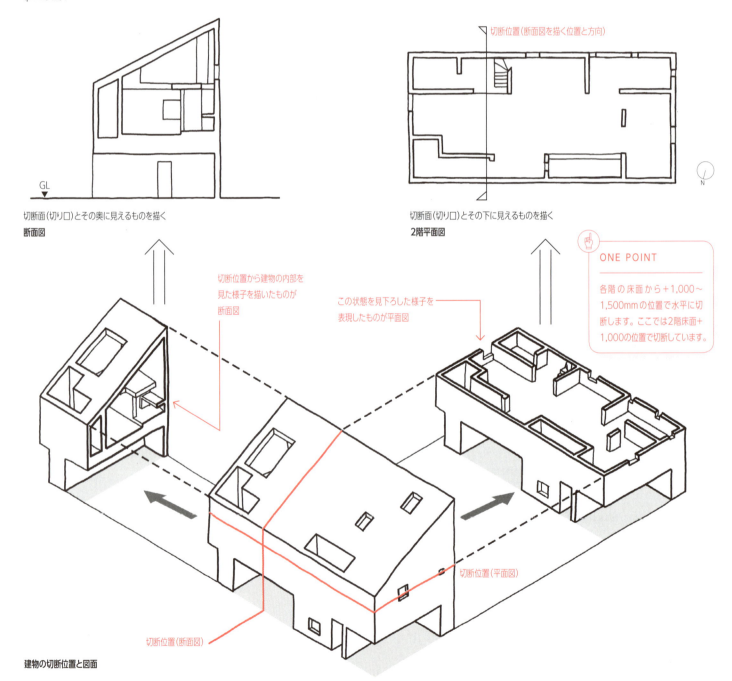

切断面（切り口）とその奥に見えるものを描く
断面図

切断面（切り口）とその下に見えるものを描く
2階平面図

切断位置から建物の内部を見た様子を描いたものが断面図

この状態を見下ろした様子を表現したものが平面図

ONE POINT

各階の床面から＋1,000～1,500mmの位置で水平に切断します。ここでは2階床面＋1,000の位置で切断しています。

切断位置（平面図）

切断位置（断面図）

建物の切断位置と図面

立面図

建物外観を水平投影して表現する図面。建物の外壁面の東・西・南・北の4面(すべての面)を描きます。遠近は表現せず、真横(無限遠距離)からの投影図を描きます。投影図の言葉がわかりにくければ、外壁の前に平行に立てたスクリーンに、外壁面を映したものと考えてみてください(右図)。下図のように外壁面がスクリーンと平行な位置関係にない場合は、長さのとり方に注意しましょう。

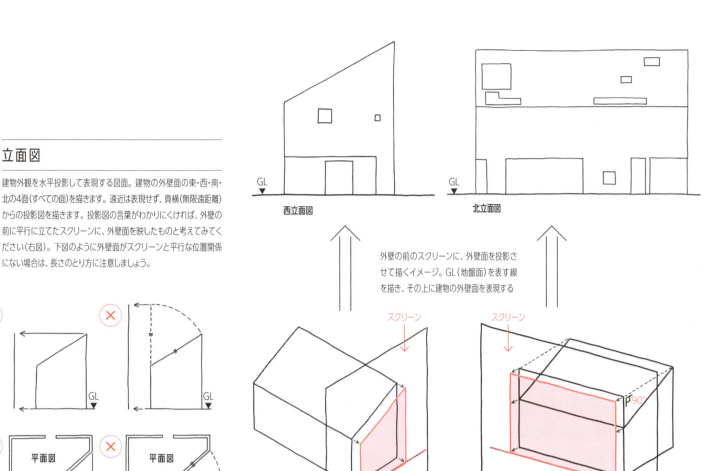

外壁の前のスクリーンに、外壁面を投影させて描くイメージ。GL(地盤面)を表す線を描き、その上に建物の外壁面を表現する

赤い部分が立面図

以上3図面が図面の基本として大変重要で、「平・立・断(面図)」と一括りにして表現することがあります。

その他の図面

配置図、屋根伏図、部分詳細図などさまざまな図面があります。配置図は、敷地全体を表現し、建物と敷地および道路等周辺との関係を示す図面です(p.18参照)。屋根伏図は、建物を上空から見下ろして屋根面を描きます。配置図の建物を屋根伏図で表現することがあります(p.71)。展開図は、建物内部の壁面の真横からの投影図を描きます。

屋根伏図

建物の屋根を上空から見下ろした状態を水平面に投影して描きます。屋根面が傾斜している場合(勾配屋根)は、投影図に現れる長さが実際の長さと異なることに注意。

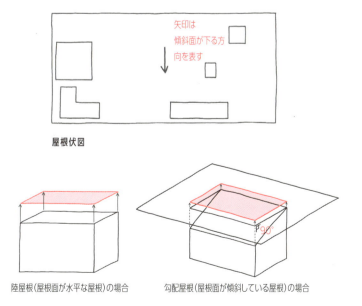

矢印は傾斜面が下る方向を表す

屋根伏図

陸屋根(屋根面が水平な屋根)の場合 / 勾配屋根(屋根面が傾斜している屋根)の場合

展開図

建物内部の壁面を床面から天井面まで描きます(立面図の室内版)。展開図は、内装設計にかかわる図面です。平面図の壁面との対応をキープランに符号(A〜D)で示します。

天井面 / 床面

展開図A / 展開図B / 展開図C / 展開図D

キープラン(展開方向を示す) / 展開図Bの棚を階段から見る

LESSON 4
図面を描く道具

建築図面を描くための専用の道具があるのを知っていますか。どれも必要な道具です。ぜひ、自分のものをそろえて使い方をマスターしましょう。

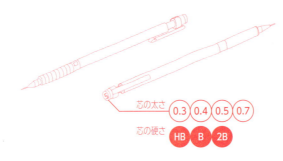

←製図用シャープペンシル

一般的な筆記用のシャープペンシルに比べて、軸がしっかりしていて鮮明な線が引きやすいのが特徴。図面の線は太い細いを描き分けるので、芯は太さの違うものが2〜3種類あると便利。図面の種類、紙の種類、筆圧などによって、使いやすい芯の太さ・硬さがあるので、線を描きながら自分好みの組み合わせを見つけよう

HBを標準に考えて、描きやすく、きれいに消える硬さのものがよい

芯の組み合わせ例：(0.3Bと0.5HB)(0.4HBと0.5HB)など

←プラスチック消しゴム

よく消えて消しかすが少ないものがおすすめ

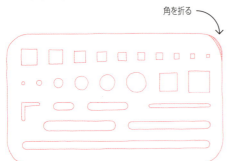

↑字消し板

名前は字消し板だが、線を消すためのもの。細かい図面の一部分だけを消したいときに、その部分だけに消しゴムが当たるように周囲をマスキングする。金属製のプレートなので、製図板にマグネットのように貼りつく。角を折って立ち上げておくと、指先でつまめるのではがしやすくなる

→コンパス

建築図面を描くときの注意は2つ。第1に軸足となる針で図面に穴をあけてしまわないこと。第2に芯の先端を十分にとがらせて、細く均一な線を引くようにすること

→製図用ブラシ

消しかすや鉛筆の粉などを手で払うと紙面が黒く汚れてしまうが、この製図用ブラシは優れもの。紙を汚さずに消しかすなどを払ってくれる。汚れの原因になるものをこまめに払ってきれいな図面を仕上げよう

↑三角スケール

通称サンスケ。図面上の長さを測る定規で、図面の読み描きに役立つ。あとで解説するが(p.19参照)、図面は実際の長さを縮小して表現するので、図面上に実際の長さは表現されない。その縮小の割合を計算せずにダイレクトに実寸が読める便利な道具。側面にある6種類の目盛りのなかから、図面の縮尺と同じ目盛りを当てて長さを読む。建築家を目指す人は、15cm程度のものを携帯していつでも測れるようにしよう

←図面ケース

図面は必ずケースに入れて、折らず、汚さずに持ち運びしよう。筒状のケースに入れた紙が丸まってしまったら、逆向きに巻いて平らに戻そう

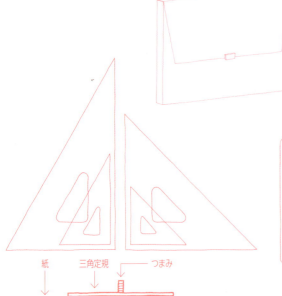

↑三角定規

線を引くための定規。透明で目盛りがない三角定規は、下の図面が透けて見えるので、線の位置を見定めやすい。長い線を一息に描くことがあるので、サイズ違いで(大判のもの、手のひらサイズ)2組あると便利

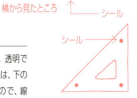

紙との間にすき間をつくるためのシールなどを貼って加工すると、三角定規で紙をこすって紙を汚す心配がなくてよい

←テンプレート

図形や字を書くためのプラスチック製のプレートで、使い方はp.61で解説。正円形、だ円形、正方形、三角形、英数字などがあると便利

←勾配定規

0°から360°までの任意の角度を設定できる定規で、線を引くために使う。スロープ、勾配屋根などの斜線の表現に便利。建築では、スロープの傾斜は1/12、屋根の傾斜を4寸勾配などというが、これらの角度を瞬時に設定できる目盛りが表示されている。たとえば、4寸勾配とは水平距離1尺(10寸)に対して、垂直方向に4寸立ち上がる角度ということだが、勾配定規の基準の線を目盛り「RISE」の4に合わせることで設定できる

ONE POINT / 使いやすい製図コーナーをセッティング

製図板の上には用紙だけ！
持っている道具、資料はサイドデスクに出しておこう

使うものがすぐに手にとれて作業がしやすい環境づくりと、
図面の汚れを防ぐ配慮が、正確な図面作成につながります。

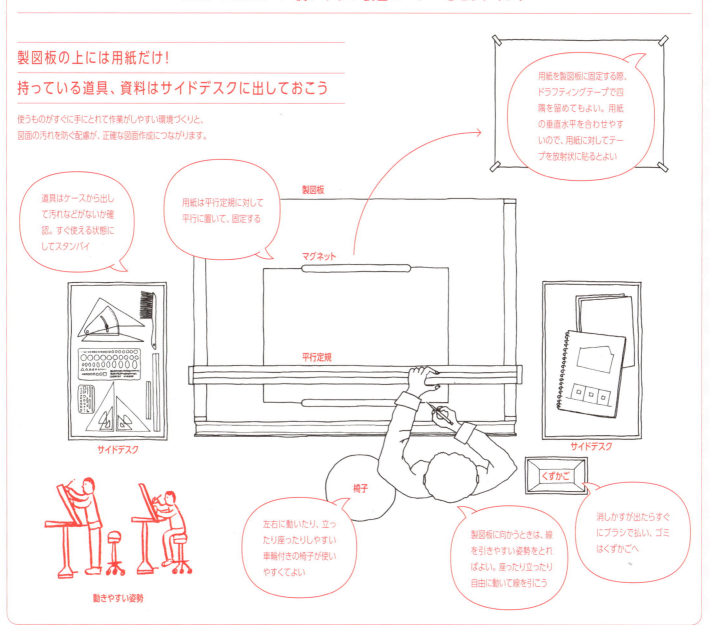

紙の種類を覚えよう

建築設計図面に用いられる用紙はA系でサイズはA1、A2、A3が多く、基本的に横使いをします。建築士試験の設計製図課題はA2用紙を使用するので、資格試験用に製図板を準備する場合はA2サイズの用紙が使えるサイズを選ぶとよいでしょう。A1とB1の用紙サイズを覚えると、ほかの用紙サイズは辺の長さを2倍、1/2倍して求められます。

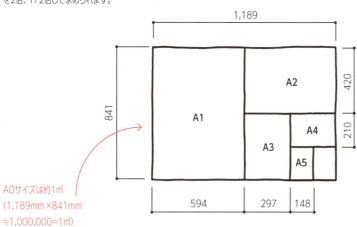

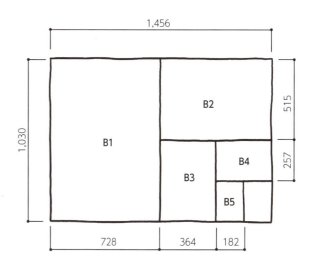

A0サイズは約1㎡
(1,189mm×841mm
≒1,000,000=1㎡)

A系、B系の用紙サイズ

LESSON 5
図面を描く基本 その1／縮尺と図面

建物を紙に表現するときに、原寸のままでは大きすぎるので縮小し、一目で全体（部分）が把握できるようにします。その縮小の度合いのことを「縮尺」といいます。

図面は、さまざまな縮尺で描かれますが、まずは縮尺の異なる図面表現を、前川國男自邸（設計：前川國男、詳細はCHAPTER2参照）の1階平面図を事例にp.18～21の各図面を比較してみましょう。

縮尺1/200の図面（右、配置図）は敷地と建物の関係をよく表現していて、方位、敷地の形状、建物の位置、建物の内部と外部の区別、建物内部の空間構成などが読み取れる図面です。縮尺1/100の図面（p.19、1階平面図）は、室名、床の目地（浴室およびトイレのタイル、寝室（3）の畳と板の間）を表して、室の使われ方を具体的に伝える図面です。構造柱の表記から木造建築であることがわかります。しかし、縮尺1/200、1/100の図面では実際には厚みがある建具が、1本線の簡略化された表現となるなど、細部は具体的に知ることができません。

縮尺1/50の図面（p.20~21、1階平面詳細図）では、縮尺1/200、1/100の図面に比べて描き込みが増えます。建具や壁などは2重線で表現し、引き出し線を用いて「板戸W=1,570 葛布貼り」などと仕様を説明しています。また、間柱を描き入れています。縮尺1/5の図面（p.20、居間北側丸柱まわり部分詳細図）は、特に建具の構成を詳細に表すために、対象となる範囲を切り取って表現する図面です。複数の部材の組み方、部材の寸法などを詳しく記しています。縮尺1/50、1/5の詳細図に関して、今は個々の内容が難しく感じるかもしれませんが、図面全体の印象、図面の大きさと表現の密度のバランスを理解するようにしましょう。

このように、図面表現の目的と縮尺は相互に関係があり、目的に沿った適切な縮尺を知って図面を描く必要があります。

実際には、用紙サイズと用紙上のレイアウトも考慮に入れて縮尺を決定するのですが、このことについてはあとで考える機会をもちましょう（CHAPTER2 p.52～55）。

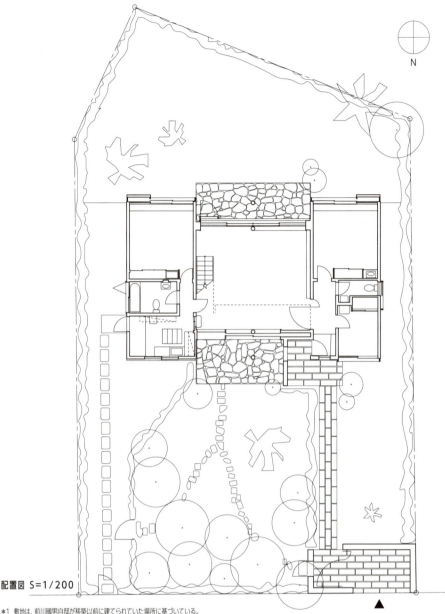

配置図 S=1/200

*1 敷地は、前川國男自邸が移築以前に建てられていた場所に基づいている。
*2 配置図では通常は北を上にして描くことが多いとされているが、この図のように方位にかかわらず建物入口を下にして描くこともある。道路から建物までのアプローチの構成がわかりやすく表現できており、建築の配置状況がよくわかるという特徴がある。

配置図

敷地と建物の関係を表す図。敷地全体を上から見下ろした図に、周辺道路との関係、建物の位置、道路から建物入口までのアプローチ、植栽など建物を取り巻く環境を表現します。建物は、上図では1階平面図を描いていますが、屋根伏図で表現することが一般的です（p.71参照）。傾斜地、海辺、山の麓など特徴ある立地は、周辺の広域地図を用いて表すこともあります。

ONE POINT ／ 配置図の表現のポイント

- 敷地の範囲、形状
- 道路と敷地の関係（接道など）
- オリエンテーション
- 敷地内の建物位置、建物の規模、建物の内外部の境界の把握
- アプローチの把握（道路から建物入口までの経路）
- 外構デザイン

縮尺と図面の種類の例

尺度	図面の種類	表現の目的
1/200,1/500, 1/1000,1/2000	配置図	オリエンテーション*1、アプローチ*2、ランドスケープ、接道*3
1/100,1/200	一般図	空間構成の概要
1/20,1/30,1/50	詳細図、矩計図	空間構成、デザイン、部材、材料の詳細
1/1（原寸）,1/2, 1/5,1/10	部分詳細図など	ディテール、制作物の詳細など

*1／方位のこと。表現はp.31を参照。
*2／入口のこと。敷地への入口、建物内部への入口。▲で示す。
*3／敷地が道路と接している部分、その状況のこと。

一般図

建物の内外部の区別、壁・建具の位置を示し、空間構成を伝えるためのものです。それ以外は、支障ない程度にそぎ落とし、シンプルな表現にします。そのため、実際にはあっても描かないもの、形を簡略化して描くものなどがあります。

ONE POINT / 一般図の表現のポイント

- 建物の利用目的（プログラム）に適した動線計画、室の配置になっているか
- 各室に開口（通風、採光）があるか
- 階段の位置や寸法は適切か
- 階段や吹き抜けを介した上下階のつながりは適切か

LESSON 5 ｜ 図面を描く基本 その1／縮尺と図面

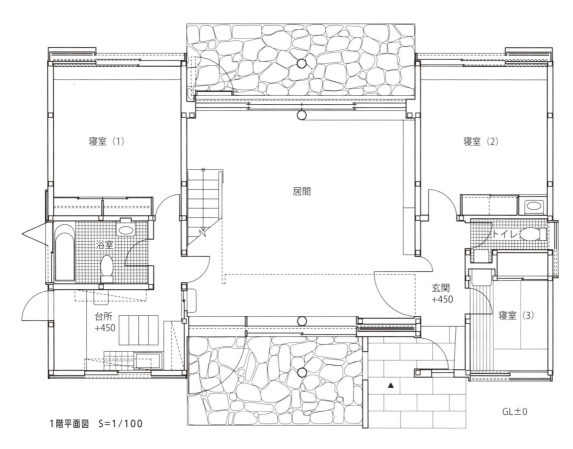

1階平面図　S＝1/100

＊住宅では、コモンスペース（居間や食堂など）とプライベートスペース（寝室や個室など）、そして水まわり（台所、風呂、トイレなど）の諸室の関係性を見ると、その住宅建築の特徴が見てとれる。CHAPTER3、4の住宅作品スカイハウス、シルバーハットの平面図も見てみよう。

ONE POINT / 三角スケールを活用しよう

1. 長さを測る

建築用の三角スケールには一般的に6種類の尺度（1/100、1/200、1/300、1/400、1/500、1/600）の目盛りがあり、それぞれ対応する図面の寸法を計測しやすくなっています。

図面上のある部分の長さの実寸を知りたいとき、三角スケールがなければ、図面上の長さを測り、さらに計算によって実寸を求めなければならないのですが、三角スケールがあればその手間が必要ありません。つまり、早く、間違いなく長さを測れて便利なのです。

QUIZ / 三角スケールを合わせて、図の赤い線の長さの実寸を求めてみよう

S＝1/100の図面だとすると、実寸2,000mm（＝2m）です。

S＝1/10の図面だとすると、実寸は（①）mm

S＝1/1000の図面上だとすると、実寸は（②）mm となります。

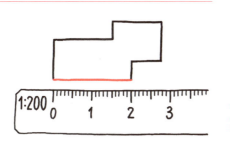

2. 縮尺を変換する

次に、S＝1/200の図面をS＝1/500に縮小して図面を作成することを考えましょう。それぞれの尺度で5,000mmの長さを描いて2つの図面の違いを理解しましょう。もちろん、便利な三角スケールを使って描いてください。

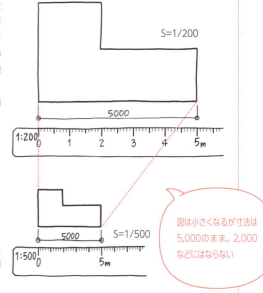

図は小さくなるが寸法は5,000のまま。2,000などにはならない

＊三角スケールの目盛りにない尺度（たとえば、1/700や1/35など）で図面を表現することはほとんどない。

答え／①200、②20,000

平面詳細図

ここでは紙面の都合で一部分だけを抜き出していますが、通常は、建物全体について表現します。一般図の平面図と比べると、壁(板の厚み、柱の位置や寸法)や建具まわりの部材形状が表示記号*などを使わない具体的な表現になっています。表現する線と文字の書き込みが増えるので、表現しやすい縮尺として1/50〜1/30が選ばれます。

*表示記号についてはp.30〜31参照。

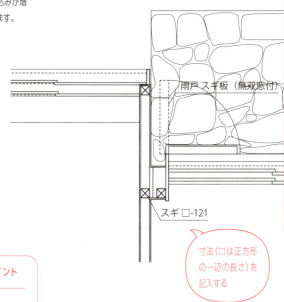

寸法(□は正方形の一辺の長さ)を記入する

ONE POINT / シングルラインとダブルライン

建築の図面は、壁や床の厚みを2重線で描き、「ダブルライン」で表現するといいます。これに対して、下図のように、壁や床の厚みを表現しない単線の図を「シングルライン」の表現といいますが、原則として図面の表現には用いません。設計案を考える最初期のスケッチはシングルラインで描いて考えることがありますが、実際の建築は壁や床の厚みがありますから、検討の早い段階からダブルラインの図面を描いて考えることをおすすめします。

シングルラインの前川國男自邸平面図

部分詳細図

建築デザインは、ほぼ毎回、全オーダーメイドで注文するものなので、独自のデザインはすべて図面に表現して発注します。そのなかでも、こだわりのデザイン、防水の仕様など性能にかかわる重要な部分は個別に取り上げて部分詳細図を描きます。たとえば、階段、手すり、建具まわり、床の見切りなどが部分詳細図に表現されます。建具は単独で建具表(p.12参照)という図面表現があります。

ONE POINT / 部分詳細図の表現のポイント

- 建築部材の詳細形状、寸法
- 部材の納まりなどに破綻がないか
- 美しいディテールになっているか
- 雨仕舞などの性能が考えられた部材の構成であるか

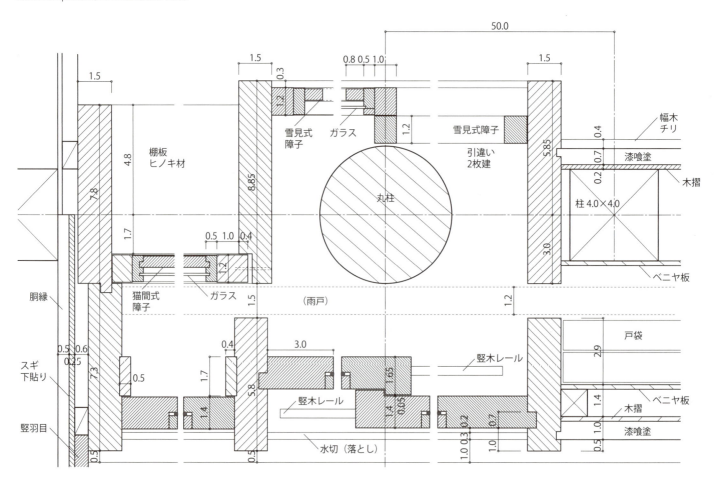

*寸法の単位は「寸」、1寸=約3.03cm。

居間北側丸柱まわり部分詳細図　S=1/5

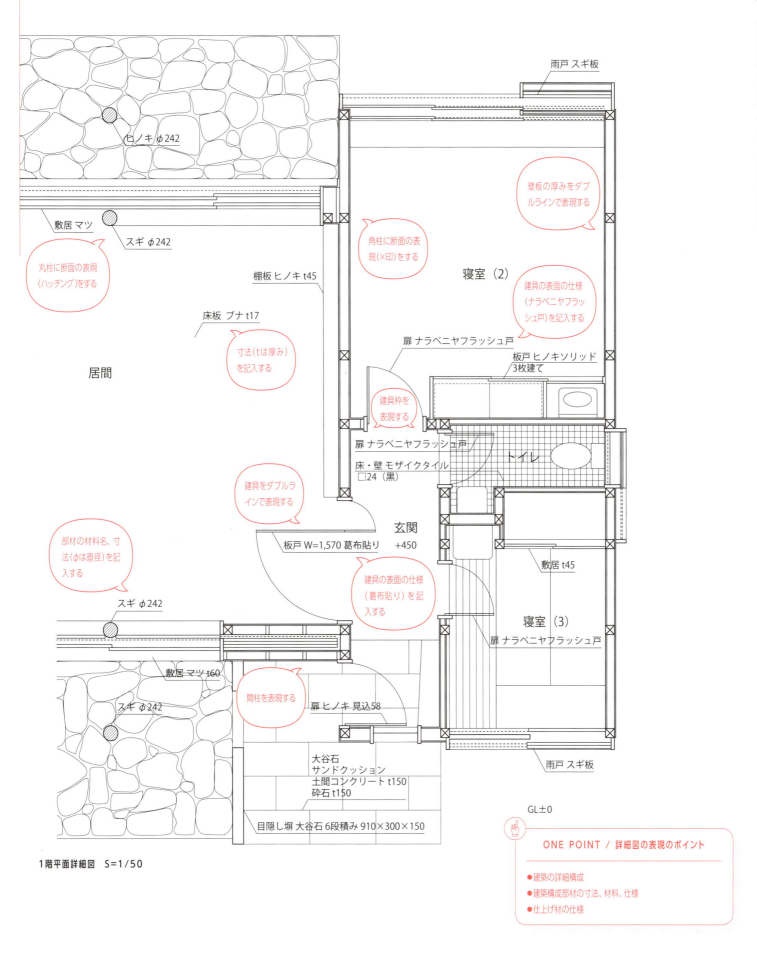

1階平面詳細図　S=1/50

ONE POINT / 詳細図の表現のポイント
- 建築の詳細構成
- 建築構成部材の寸法、材料、仕様
- 仕上げ材の仕様

LESSON 6
図面を描く基本 その2／基準線・通り芯

建築図面には、必ず、基準線を描きます。この基準線の意味を理解して、図面に正しく表現しましょう。

基準線は、建物の構造体（柱・壁・床・屋根など）に重なる線で、建物が建つ基準を示します。基準とは、敷地の中で建物が建つ位置、柱・壁の位置、建物の高さ、各階の階高などをいい、これらを定めるために図面上に表現する線です。

具体的に右の図面で見てみましょう。赤い線で表現されているのが基準線です（実際の建築図面では黒色で表現しますが、ここではわかりやすくするために赤色で表現しています）。1、2階平面図の基準線は、柱・壁の位置に、断面線の基準線は、柱・壁の位置に加えて、地盤面（GL）、各階床面（FL）、軒高（地盤面から軒桁の上端までの長さのこと）、建物の最頂部の高さを示す位置にあります。これは、基準線が示す建物の位置について、
・柱または壁の中心（芯）を通る
・高さの基準は、面（地盤面、床面、屋根面など）を通る
という原則ルールがあるからです。

1階平面図で確認してみると、X軸方向の基準線は柱の中心に設定されています。この基準線は、X2〜3通りは壁の中心とも一致しますが、X1、X4通りは壁の中心とは一致していません。これは、「ONE POINT／基準線をとる位置」の拡大図に示すように、壁と柱の位置関係によって、柱と壁のいずれか一方の中心を通る場合があるためです。

次に、A-A'断面図で高さの基準を見てみましょう。各階の床面のほか、地盤面（GL）、最高の高さ、軒高が示されています。高さの基準は、面であって中心（芯）ではないですね。このことは間違いやすいので、要注意です。また、この建物の最高の高さは、A-A'断面図に示されるもっとも高い位置が相当するので、B-B'断面図においても、同じ位置に最高の高さの基準があります。建物位置とずれていることに違和感があるかもしれませんが、建物の最高の高さは1つ（各断面図に共通）ですから「個々の図面に表現される最も高い位置」ではなく、建物としてもっとも高い位置（＝A-A'断面図と同じ位置）を示します。

図面の基準線の端部にX1、X2…、Y1、Y2…と記号があるものは、特に「通り芯」と呼びます。記号がない線はそのまま「基準線」です。

1、2階平面図は、平面形状が異なり、どの位置で重なり合うかわかりにくい図面ですが、通り芯の記号を一致させて重ねることで、正しい位置関係がわかります。また、断面図の向きや平面図との位置関係は、通り芯を見ることで確認できます。このように、通り芯は、複数の図面を結びつける役割を担う重要な図面表現です。

図面を描くときは、最初に基準線を表して建物の位置と大きさを定め、その基準線をガイドにして柱・壁などを描きます。具体的な描き方手順はCHAPTER2、3で学びましょう。

基準線と通り芯

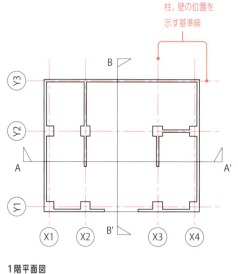
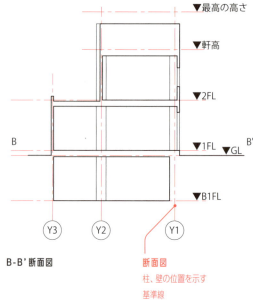

2階平面図　A-A'断面図
1階平面図　B-B'断面図

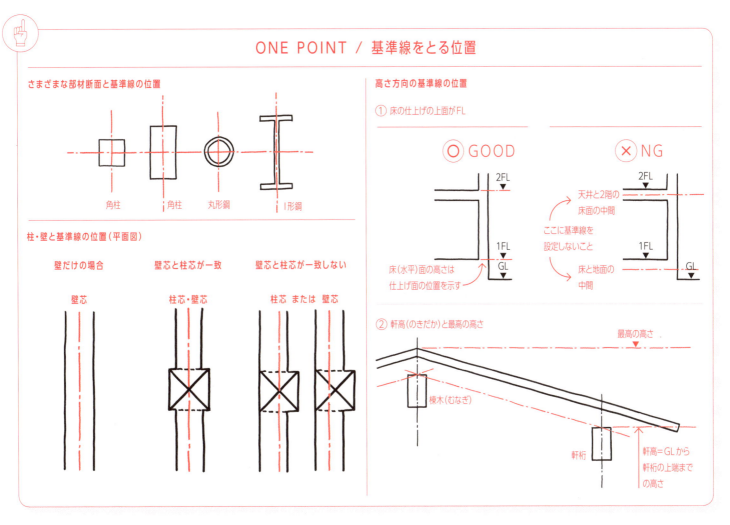

基準線に寸法を添えよう

基準線は構造体の位置を示すものですが、基準線には寸法線と呼ぶ長さの表記がともなうのが原則です（寸法とは実物の長さを示す数値、すなわち図面に縮小される前の実寸のことをいいます）。基準線と寸法線は、建物の規模、空間のスケールを伝えるので、図面の中で重要な役割を担っています。

寸法線の描き方

① 原則として、基準線を起点としたコの字形の線を描く。
② 寸法線の両端（交点）には小さく丸（白抜き丸または黒丸）を描く。
③ 寸法線の上側に数値を記入する。
④ 長さはmm単位の数値のみで表し、単位記号はつけない。

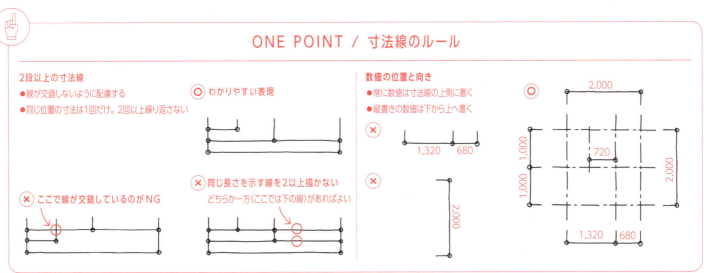

通り芯の記号のつけ方

通り芯には「通り芯記号」と呼ぶ個別の名称を与えて、1本1本を区別します。これは、建物の主要な位置にあたかも住所番地をつけているようなもの、と考えればよいでしょう。たとえば、「1階のX1通り、Y2通り」というとだれもが図面上の特定の1カ所（図中に指示）にたどり着けるような名称です。基準線は、一般的に水平面上に2軸、高さ方向に1軸の空間軸を設定し（右図では、水平面上にX、Y方向、高さ方向にZ方向の軸を設定）、それらに平行な線を用いて建物の基準となる位置を示すものです。通り芯記号の名称は自由に設定してよいのですが、ここに示したX、Y方向がわかりやすいので慣例的によく用いられます。

通り芯の記号のルール

X、Y、Zの各方向の区別がつき、並び順（X1、X2、X3…のように数字の順）が明確になるように記号をつけます。

基本的な表現

X方向：(X1)(X2)……
Y方向：(Y1)(Y2)……
Z方向(高さ)：高さ方向は、GL、1FL、2FL、軒高、最高の高さなどの語句で表現

X方向、Y方向以外の表現の例

(A)(B)(C)……（アルファベット）
(1)(2)(3)……（数字）
(イ)(ロ)(ハ)……（カタカナ）　など

NG表現の例

X：(A)(B)(C)……
Y：(a)(b)(c)……

見た目には違いがあってよさそうですが、発音するとX方向とY方向の区別がつかないため「図面上の特定の1カ所」にたどり着けない恐れがあり、避けたい組み合わせです。

X：(イ)(ロ)(ハ)……
Y：(あ)(い)(う)……

こちらも、異なる系列の文字の設定ですが、発音すると「イ」と「い」など同じ音があるため避けたい組み合わせです。

通り芯記号は、「文字表記が異なる」かつ「発音が異なる」ように設定しましょう。この記号を平・立・断面図、その他図面に共通して表記することで、各図面が示している箇所が正確に伝わります。

通り芯と基準線いろいろ

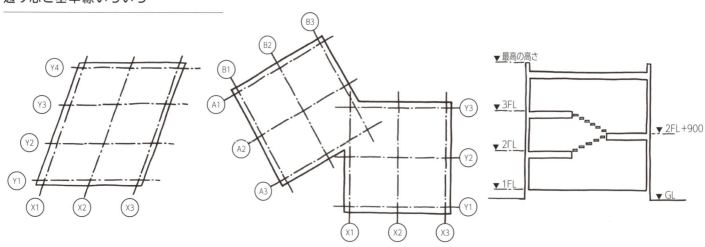

例1）
水平面上2軸は必ずしも直交しなくてよいので、建物の平面形状に合わせて最適な設定を行う

例2）
異なる2つの平面構成を設定する例。直交する2軸の組み合わせを2組（A方向とB方向、X方向とY方向）、全部で4軸を設定するとよい

例3）
スキップフロアなど、階途中の床の高さは基準とする階（2階）からの高さ（+900）を示す

断面図を描く基準

平面図の切断位置は、床面から＋1,000〜1,500の高さと決まっていますが、断面図は、建築家が設計内容をもっともよく伝える位置を考えて任意に決めます。断面図が建物のどの位置を基準に切断されて描かれているかを、切断線、キープランを用いて示します。

切断線

切断位置は平面図上に線で表記し、この線を切断線といいます。切断線は、切断位置を示す線と断面図を描く方向を示す矢印で表現し、両端にA-A'、B-B'…と記号を添えます。この記号がそのまま、断面図の名称「A-A'断面図」「B-B'断面図」となります。

切断線の表現

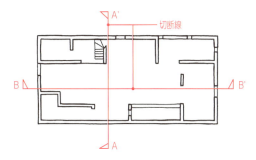

2階平面図
各階平面図、すべてに切断位置を表記する

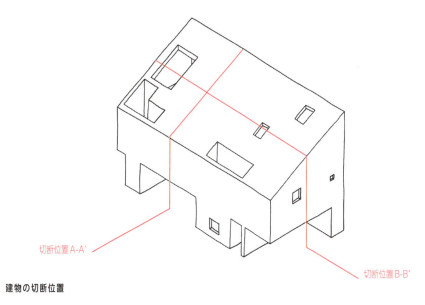

建物の切断位置

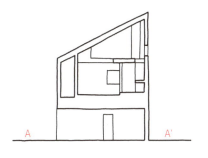

A-A'断面図

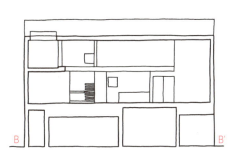

B-B'断面図

キープラン

平面図と断面図を同じ紙面に描かない場合は、断面図の近くに平面図の代わりの表現「キープラン」を描いて切断線を記すとわかりやすいです。「キープラン」とは、建物の平面の形を簡略化して小さく表現する図面のことです。記号のようなものなので、縮尺や細部の表現を気にすることはありませんが、オリエンテーションと建築の外形のプロポーションは適切に表現しましょう。

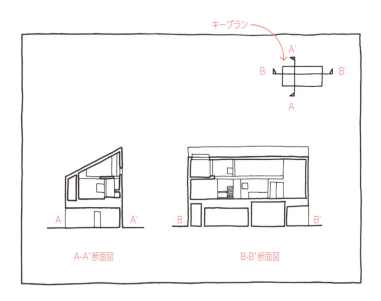

切断線の表現いろいろ

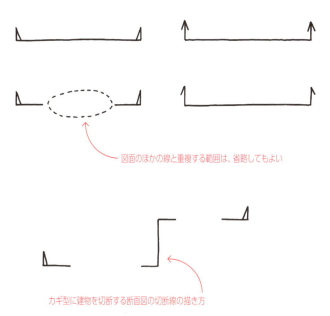

LESSON 7
図面を描く基本 その3／線の種類を使い分けよう

図面はさまざまな種類の線によって表現します。図面表現では、線種の違いをはっきりと区別して見せることが重要で、特に実線の太さの違いはメリハリをつけて表現しましょう。

p.14の図面の種類で触れたように、平面図と断面図は建物の切り口とその奥に見えるものを表現しますが、この切り口を強調するように太線で描くことがもっとも重要です。この太線を「断面線」といいます。切り口より奥に見えるものを表現する線は「見えがかり線」といって、中線で描きます。まずは、この2種類の線の区別を理解して使い分けましょう。

図面に用いる線の種類

線の種類 ＼ 線の太さ	太線 (0.7mm) 太くしっかりとした線	中線 (0.5mm) 太線ほど太くないが、しっかりとした線	細線 (0.3mm) 主要な部分は太線と中線の2種類で描き分けられるが、目地や格子などの細かい表現で用いることがある
実線	断面線 GL(Ground Level)	見えがかり線 外形線	仕上げの表現
1点鎖線 長い線と短い線の組み合わせで描く線		中線または細線で 境界線、基準線(通り芯)、吹き抜け、開口部	
破線 少し長めの点線		中線または細線で かくれ線(表面には見えないが奥にあるもの、平面図で切断面よりも上にある上部吊り戸棚、トップライトや庇など)	
点線 短めの点線		中線または細線で 想像線(移動する家具、自動車、自転車など)	

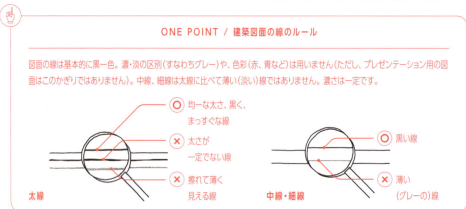

ONE POINT ／ 建築図面の線のルール

図面の線は基本的に黒一色。濃・淡の区別(すなわちグレー)や、色彩(赤、青など)は用いません(ただし、プレゼンテーション用の図面はこのかぎりではありません)。中線、細線は太線に比べて薄い(淡い)線ではありません。濃さは一定です。

太線
- ○ 均一な太さ、黒く、まっすぐな線
- × 太さが一定でない線
- × 擦れて薄く見える線

中線・細線
- ○ 黒い線
- × 薄い(グレーの)線

特定の役割をもつ線

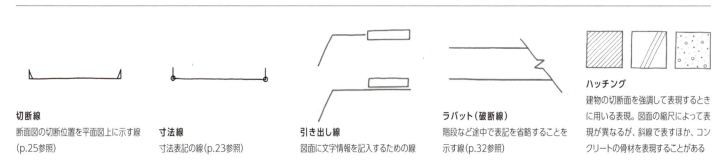

切断線 断面図の切断位置を平面図上に示す線 (p.25参照)

寸法線 寸法表記の線 (p.23参照)

引き出し線 図面に文字情報を記入するための線

ラパット(破断線) 階段など途中で表記を省略することを示す線 (p.32参照)

ハッチング 建物の切断面を強調して表現するときに用いる表現。図面の縮尺によって表現が異なるが、斜線で表すほか、コンクリートの骨材を表現することがある

図面表現の中で線の種類を使い分けよう

図面は複数の線種で描かれていて複雑に見えますが、まずは、図面の中から太線（断面線）と中線（見えがかり線、外形線）を見分けることを目標にしましょう。下の表の、平・立・断図面とイラストを対応させて、図面の中の太線と中線を読み取ってみましょう。

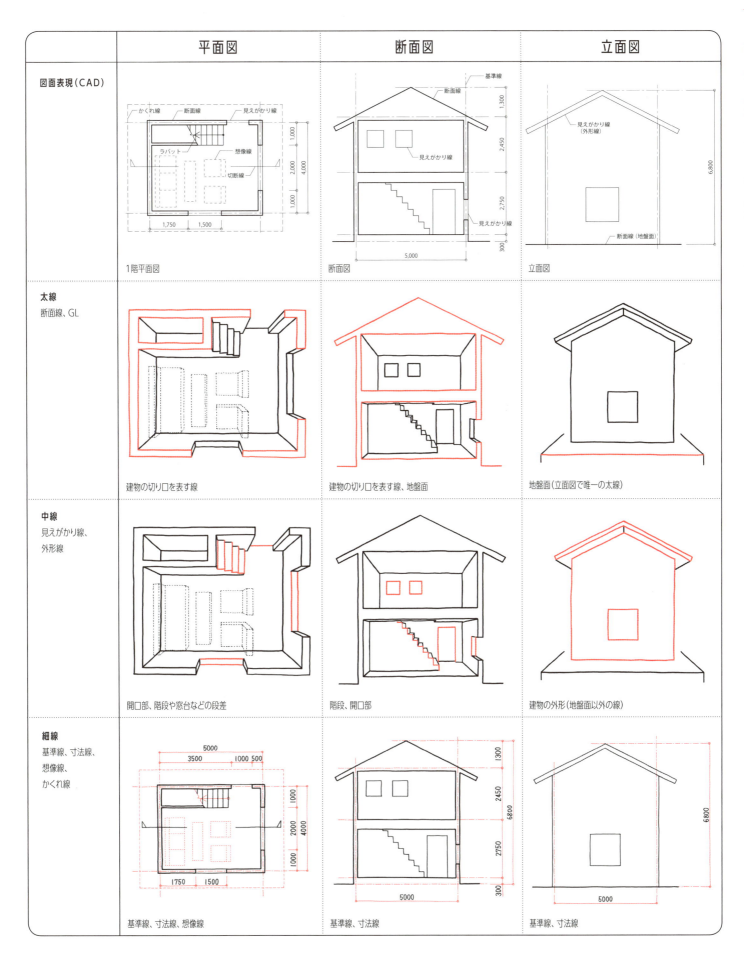

LESSON 8
図面を描く基本 その4／線の引き方

いよいよ実習に入ります。図面にはさまざまな種類の線があることがわかりましたから、これらを自分の手で描いてみましょう。図面を描いてみたくなるかもしれませんが、その前に線だけに集中して練習します。手描き図面の線は、描くために簡単な技術習得が必要だからです。これは、正確な図面を描くために重要であるだけでなく、美しい図面を仕上げるためにも身につけたい技術です。図面用の線の引き方とはどういうものか、実際に線を描いて身につけましょう。製図道具の使い方を体験する良い機会にもなるでしょう。

製図台をセッティングし、道具は、シャープペンシル、消しゴム、字消し板、三角スケール、三角定規、テンプレート、勾配定規、製図用ブラシを準備します。

線種の区別がつき、同じ調子で描けるようになるまで練習しましょう。

図面の良い線とは？

「濃く、均一に」引かれた線が良い線です。

① ◎ 濃く、はっきりした線　　✕ かすれて薄い（淡い）線
② ◎ 太さが均一な線　　　　　✕ 途中で太さが変わる線
③ ◎ 一息で描かれた線　　　　✕ 途中で継がれた線

シャープペンシルの使い方

良い線を描くには、筆記具の使い方にコツがあります。
「線を引く」という言葉の通り、シャープペンシルを引く感覚で描きます。

1. シャープペンシルは紙面に垂直に立てるように持つ

製図の線を引くときの筆記具の持ち方
紙面に対して、筆記具を立てる角度で持つ

文字を書くときの筆記具の持ち方
紙面に対して、やや寝かせた角度で持つ

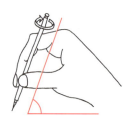

2. シャープペンシルを回転させながら引いて描く

シャープペンシルを、親指の腹と人差し指の側面のあいだを転がすようなイメージで回転させる。線を引くあいだは、手が紙面に触れないように手首を浮かす。腕全体を動かすようにすることで一息に描きやすい。

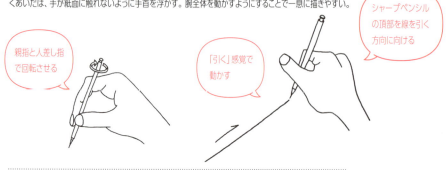

親指と人差し指で回転させる

「引く」感覚で動かす

シャープペンシルの頂部を線を引く方向に向ける

3. 1本の線は、線の長さに関係なく、シャープペンシルを1回転させるあいだに描き切る。
長い線の場合は、やや勢いをつけて描き切ることがコツ

→ LET'S TRY! p.172〜173の図をコピーして線を引く練習をしよう

ONE POINT ／ 均一な線を引くには

◎ GOOD
回転させることで芯が均等に減り、太さが均一な線になる

✕ NG
回転させないと芯の同じところが減って、次第に線が太くなる

✕ NG
シャープペンシルの芯が紙から浮き気味で線を引くと、線が擦れやすい。芯の先端で紙を押す感覚で、線を引くとよい

✕ NG
線の途中でシャープペンシルの芯を紙から離して線を引き継いだり、シャープペンシルを2回転以上させようとすると、線に段差ができたり、一部だけが太くなったりする

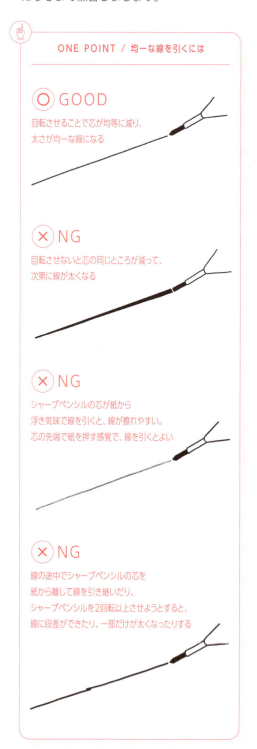

図面の線を引く向きと順序

下の図のように、線を引く向きに気をつけることで良い線を引くことができます。また、引いたあとの線に手や定規が触れて線がぼやけないように引く順序にも気を配りましょう。ここには右利きの人の場合の順序を示しますので、左利きの人は右下の図のように左右を逆に考えてください。

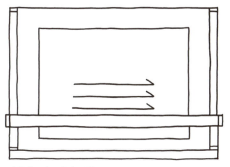

水平線は左から右へ引く
平行定規は上から下に移動

垂直線は下から上へ引く
三角定規は左から右へ移動

右上がりの線は左下から右上へ引く
三角定規は左から右へ移動

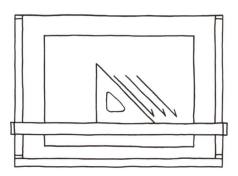

右下がり線は左上から右下へ引く
三角定規は右から左へ移動

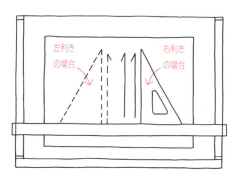

左利きの人は、右利きの人とは左右対称に動かす

垂直線を引くときの姿勢

垂直線は、製図板に対して体を斜めにし、水平線と同じように左から右への運筆で引くとよいでしょう。この時、左右の手は交差させて、三角定規を押さえる左手の上から右手を回して描きます。

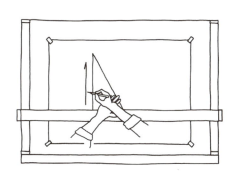

補助線の使い方

決まった長さ、間隔で線を引くときは、補助線(薄い下描き線)を引くことで正確に作図できます。

長方形を描く

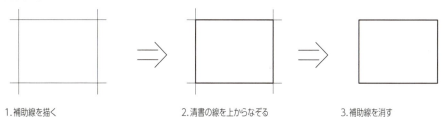

1. 補助線を描く
2. 清書の線を上からなぞる
3. 補助線を消す

細かい寸法を測って複数の線を描く

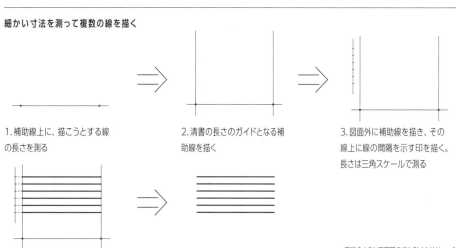

1. 補助線上に、描こうとする線の長さを測る
2. 清書の長さのガイドとなる補助線を描く
3. 図面外に補助線を描き、その線上に線の間隔を示す印を描く。長さは三角スケールで測る
4. 実線で清書する
5. 補助線を消す

*階段のように等間隔の線を引く方法は、p.66 (ONE POINT 階段の描き方)を参照のこと。

LESSON 9
いろいろな製図記号を理解しよう

建築の設計図面にはさまざまな記号や凡例があります。

実物の姿そのものを縮小図面に描き切れないので簡略化して表現するもの、頻繁に使用する表現を略記号や略称に置き換えて表現するものなどがそうです。

個々の表示記号は、図面を描きながら理解を深めていきましょう。わからなくなったら、このページの一覧を参照してください。

開口部の表示記号

名称	姿図	平面図	断面図	立面図
1 出入口一般				
2 引違い戸				
3 片引き戸				
4 引込み戸				
5 雨戸				
6 片開き戸				
7 両開き戸				
8 回転扉				
9 窓一般				
10 引違い窓				
11 片開き窓				
12 両開き窓				
13 上げ下げ窓				
14 はめ殺し窓				F

S=1/100～1/200程度の図面での表現。図面の縮尺が変われば、これらの表現方法が変わることはp.18で触れた。

構造・材料

表示事項	縮尺による区分		
	縮尺1/100 または 1/200程度	縮尺1/30 または 1/50程度	縮尺1/20程度
一般的な壁・スラブ			
鉄筋 コンクリート			
コンクリート ブロック			
鉄骨			
木造壁		真壁式 通し柱 大壁式 通し柱 間柱	
木材 (断面の表現)			
地盤面			
割石			

ONE POINT / 平・立・断面図のセットで建具の表現を理解しよう

たとえば、右の断面図だけを見ても、この建具が「引違い窓」なのか、「片開き窓」なのか、はたまた「はめ殺し窓」であるのかはわかりません。断面図が同じ表現になる建具が複数あるからです。このような時は、平面図、立面図でその違いを理解することができます。
①の平面図と展開図であれば「片開き窓」、②の平面図と展開図であれば「引違い窓」とわかります。
また、線の太さ、種類の使い分けルールは建具の表現にも当てはまります。壁、建具の断面線は実線・太線、壁、建具枠などの見えがかり線は実線・中線と区別をはっきり表現しましょう。

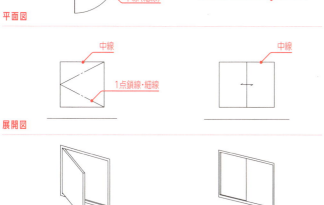

勾配

スロープ、屋根などの傾き具合を「勾配」といい、数値で示します。傾きを水平方向の長さ10に対する垂直方向の長さaと考えて「a寸勾配」と表現します。図面には、「勾配 a/10」と分数表記するか、直角三角形を描き、直角を挟む2辺に10とaの数値を添えて表記します。

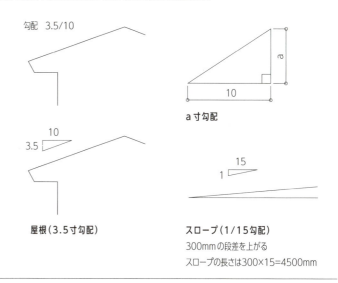

屋根(3.5寸勾配)　スロープ(1/15勾配)
300mmの段差を上がる
スロープの長さは300×15=4500mm

吹き抜け

吹き抜け部分(床に開口がある部分。ヴォイドと呼称される場合もある)は、床の開口に対して1点鎖線で大きく×と記します。「吹抜」や「VOID」の文字を併記することもあります。吹き抜けの直下階の平面図には、上階の床の端部を破線で示します。かくれ線です。

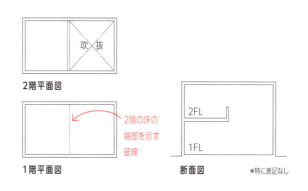

オリエンテーション・縮尺

平面図、配置図などに示します。以下に例を示しますが、建築家がオリジナルにデザインすることもあります。
縮尺は具体的にS=1/100などと数値で示すことが原則ですが、スケールバーを併記してもよいでしょう。

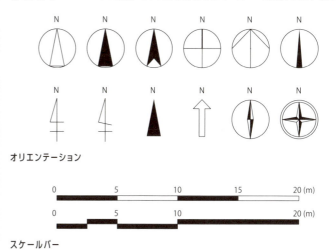

オリエンテーション

スケールバー

LESSON 10
階段の描き方をマスターしよう

　階段は、建築を設計するうえでとても大切な要素です。階段の設計と図面表現を理解することは、2層以上の空間の広がりがある建築のデザインにつながります。

　設計では水平方向（平面図）と高さ方向（断面図）を同時に考えなければならず、ていねいに段数を数えて取り組むことが肝心です。平面図は、階段がつなぐ上下階の両図面で検討することに気をつけましょう。

　はじめは単純な構造の階段から、いくつかの基本的な階段・スロープの表現をマスターしましょう。

基本の表記（平面図）

上りはじめの始点に黒丸（または白抜き丸）を描き、上る方向に矢印を描きます。
スロープの場合は勾配を数値（分数など）で表記します。

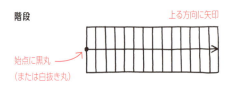
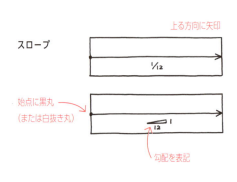

階段の切断面を考えよう

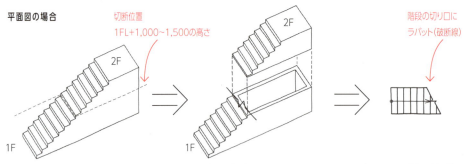

平面図の場合
1. 切断する高さを決める
2. 水平に切断する
3. 切り口より下を図面に描く

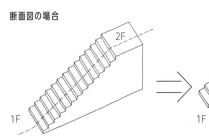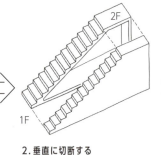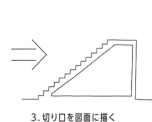

断面図の場合
1. 切断する位置を決める
2. 垂直に切断する
3. 切り口を図面に描く

平面図の表現を考えよう

1階から2階への直進階段*について、1階平面図と2階平面図での図面表記について考えましょう。各階平面図の階段は、右の断面図に示す通り、各階の切断位置より下に見える階段の様子を描きます。

*まっすぐな階段のことで、鉄砲階段ともいう。途中に踊り場を挟んで階段がまっすぐに続く場合もある。

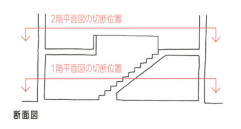

断面図

1階平面図
上りはじめから切断位置までの階段を表現する。切断位置にラバット（破断線）を描き、上る方向を示す矢印はラバットの手前まで引く

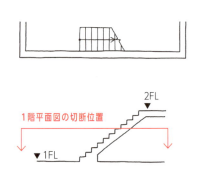

2階平面図
2階床のうち階段部分は吹き抜けている（そうでなければ人は階段途中で天井に頭を打ってしまう）。その吹き抜けから下方に見える階段を全部描く

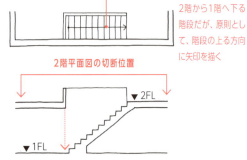

2階平面図
階段の上りはじめの段が2階の床にかかって見えない場合、始点の黒丸（白抜き丸）は描かない

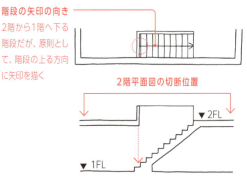

階段の種類

階段とスロープのバリエーションを見てみましょう。

直進階段1
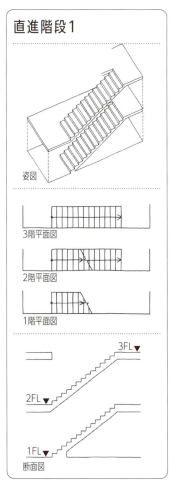

直進階段2
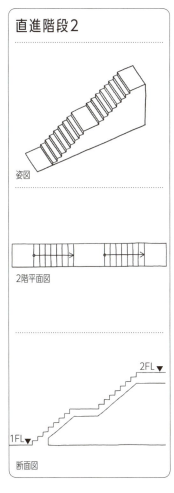

折り返し階段
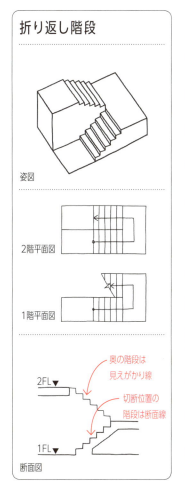

らせん階段
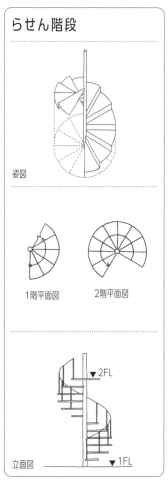

直進スロープ
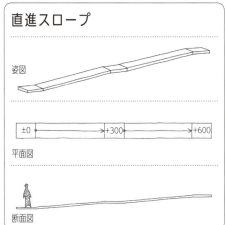

折り返しスロープ
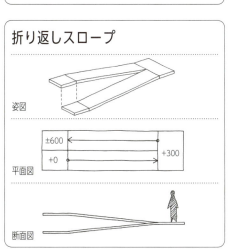

階段各部の名称を覚えよう

階段各部の名称を覚え、階段の設計で決定する寸法を理解しましょう。

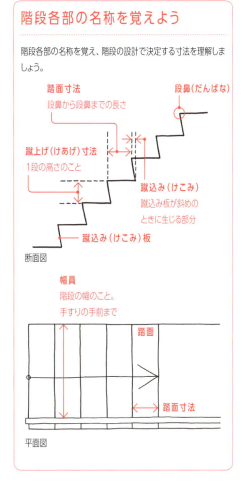

階段に寸法を表記しよう

階段の踏面寸法、蹴上げ寸法、幅員を表記します。
踏面と蹴上げ寸法は1段ごとに示し、階段全体の長さと高さも表記します。

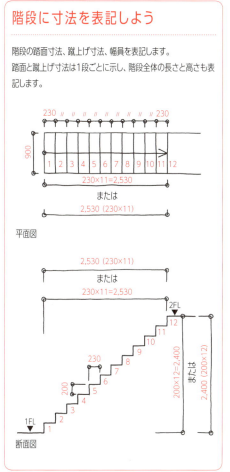

LESSON 10　階段の描き方をマスターしよう

LESSON 11
図面を美しく見せるレイアウトと文字

　図面の表現の正確さ以外にも、たとえば建て主や施工者などの読み手にとってわかりやすく表現されているか、伝えたいことが正確に伝わるように配慮されているか、ということは重要です。建築コンペなどのプレゼンテーションでは、審査員に向けてインパクトのある印象的な表現になっているかが評価にかかわるひとつの大きな要素です。そこで、紙面全体のコーディネート、すなわち図面のレイアウトを美しく見せることはいつも頭の片隅に置いておきましょう。

　では、図面のレイアウトについて基本的なことを紹介します。表現する図面の全貌（図面の種類、縮尺など）を把握して、検討に入りましょう。

目立たせたいポイントを決めて、見映えよく見せよう

- ●図面枠を用いて、タイトルなど図面に関するデータをまとめて見やすい表現に
- ●主要な図面や図版は大きく目立つように表現する
- ●作品の主題の表現であるタイトルを大きく目立つ表現に

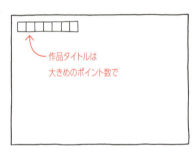

作品タイトルは大きめのポイント数で

作品タイトル文字をレタリング、フォントデザインしてキャッチーな表現に

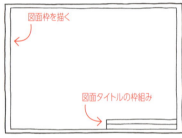

図面枠を描く

この枠組みの中に作品タイトル、設計者名、図面の種類、縮尺などの図面全体に関するデータをまとめて表現する

図面タイトルの枠組み

ONE POINT ／ 文字の形と書き方

図面の文字は四角が美しい

図面の文字は、1文字ごとに正方形の枠に内接するように四角い形に書くのが美しいとされています。文字の大きさは、用紙サイズや図面レイアウトによって調整しますが、おおよそ
① 図面タイトル　　　　5～7mm
② 図面への書き込み、室名　3～5mm
③ 材料、仕上げなど　　3mm
を目安にしてみてください。具体的な数値よりも、①→③の順に文字が小さくなっていくのが自然だということを判断基準にして、はじめのうちは小さめに書くようにするとよいでしょう。室名を記入するとき、面積の広い空間にはついつい大きな文字でのびのびと室名を書きそうになりますが、室名の文字はすべて同じ大きさにそろえましょう。

図面の文字の書き方

文字を書く範囲・大きさを決めて、2重線の補助線を薄く引きます。その2重線の間に大きさをそろえて文字を書きます。

2階平面図

平 → 平
立 → 立
断 → 断　S=1/100
面 → 面　S=1:100
図 → 図　縮尺1/100

居間　寝室
補助線
2本の補助線の間隔は、書きたい文字の大きさとし、上下の補助線に接するように四角い文字を書く

作品の魅力を大いに表現できるパースも、しっかりと

- ●パース表現は、作品のもっとも魅力的な空間を選ぶ
- ●空間イメージに合う表現方法（表現のタッチ、陰影、着彩など）を選ぶ
- ●紙面内の位置やサイズは、図面とのバランスを考える
- ●絵が苦手だと思っている人も、練習すれば描けるようになる

「そろえる」「同じ」を繰り返すことで一定のリズムをつくろう

建築の図面表現のなかには、同じ（部類の）表現が繰り返されることがあります。たとえば、各図面の図面タイトルと縮尺、基準線などです。各階平面図には同じ通り芯、断面図には必ず基準線GLを描きます。この繰り返しの表現を、「そろえて」表現することで、図面が美しくなり、読み手が読みやすいという印象をもちます。
具体的に図面タイトルの書き方の例を見てみましょう。右の表現例を比べてみると、例1）の方に良い印象をもちますね。その理由は何か、例1）と例2）の表現の違いから何を「そろえる」とよいか考えて、自分で書くときの参考にしてください。

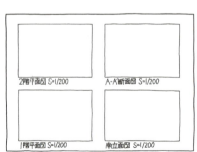

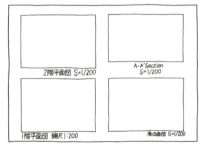

例1）
図面に対して左下の位置に統一する、文字の大きさが一定、1行の表現のみ、日本語表記、縮尺はS=1/200の書き方で統一

例2）
図面ごとに任意の位置に記している、文字の大きさがさまざま、1行の表現と2行の表現がある、日本語と英語の表現がある、縮尺とS=の表現が混在、記号の使い方（1/200と1:200）が不統一

図面のレイアウトも「そろえる」「順に並べる」ことで読みやすく

複数の図面を並べるときは、図面相互の関係がわかりやすいように配置します。
- 平・立・断面図が種類ごとにまとまっている
- 平面図は上下階のつながりがわかりやすい
- 図面の通り芯記号、GLなど基準線がそろっている

などの点に配慮します。

平面図について、さらに以下のような細部の配慮があると、読む立場としては安心して図面を見ることができます。
- 平面図は原則として、下階が紙面の下(左)、上階が紙面の上(右)となるように通り芯をそろえて並べる
- 平面図は各階とも同じオリエンテーションでレイアウトする
- 平面図のオリエンテーションは、①北が上向きの配置、②アプローチが下の配置*のいずれかで統一する

図面のレイアウトは、作者や作品によって異なるアウトプットが出るのが当然で、「正解」はひとつではありません。「そろえる」「順に」「シンメトリー(左右対称)」「均等」などをキーワードに試行錯誤して最善と思うレイアウトを目指してください。

*平面図、配置図上には、道路から敷地への入口、あるいは建物への入口に▲印をつけてアプローチを表現する。この印が上向きになるように図面を配置すること。

平面図の配置

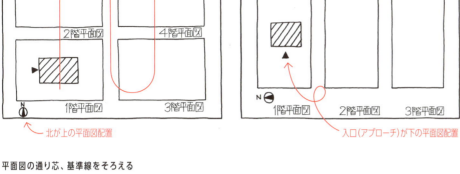

平面図の通り芯、基準線をそろえる

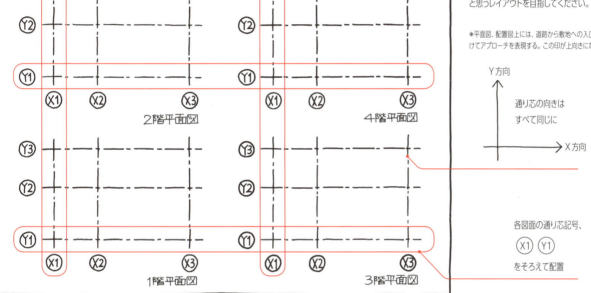

断面図、立面図の通り芯、基準線をそろえる

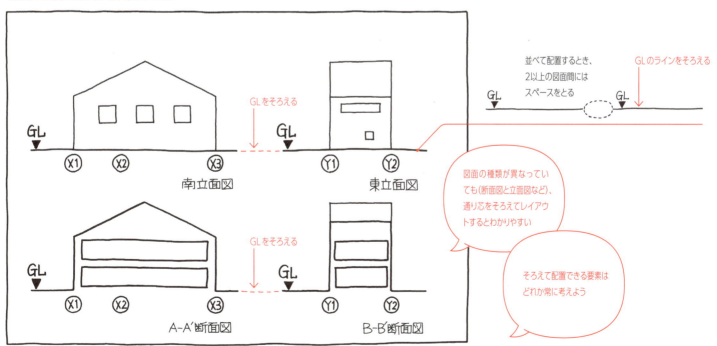

レイアウトの検討

レイアウトの手順はいろいろありますが、大前提として、下のルールは守りましょう。
- 図面など必要な表現が用紙から外にはみ出さないこと
- 複数の図面が重なり合わないこと
- 余白のバランスを適切にとって、不自然な余白が偏らないようにすること

下に、2つの主な方法を紹介します。CHAPTER2で具体的な検討方法を考えていきますので、引き続きp.52以降でより理解を深めましょう。

図面を切り貼りして検討する方法

完成させる図面と同じ大きさの紙面上で、縮尺通りの図面や文字、パースなどのレイアウトを検討する方法です。この方法の良いところは、レイアウトの検討と同時に、図面やパースの書き込みの密度、文字の大きさなど、いわゆる「生」の状態で判断できることです。実務においても大切なプレゼンテーションは、実際の紙面サイズで検討して、大きさの感覚を大切にしています。

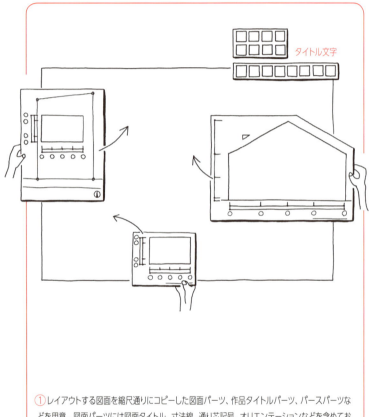

① レイアウトする図面を縮尺通りにコピーした図面パーツ、作品タイトルパーツ、パースパーツなどを用意。図面パーツには図面タイトル、寸法線、通り芯記号、オリエンテーションなどを含めておくとよい。
② パズルを組むように各パーツを並べて、見やすいレイアウトを検討。
③ うまくいかない場合は図面の縮尺を変えたり、パースの大きさを調整したり、タイトル文字の別案を考えるなどして検討する。

「見やすい図面」「読み取りやすい図面」を仕上げるという目的は忘れずに、「そろえる」「順に」「並べる」「均等」「シンメトリー」を合言葉に検討しよう。

図面の基準線を利用して検討する方法

主要な通り芯などの基準線を描いて図面の範囲を把握し、レイアウトを検討する方法です。この方法の良いところは、複数の図面の基準線が明確になるため、図面をそろえる検討をしやすい点です。
完成させる図面に対して50%に縮小するなど、コンパクトな環境でレイアウトを検討することもできますが、検討中の縮小図面に充分に書き込みがあるように見えても、元のサイズに拡大したときに余白が多く、間延びした図面になる可能性もあるので、完成図を想像して検討しましょう。

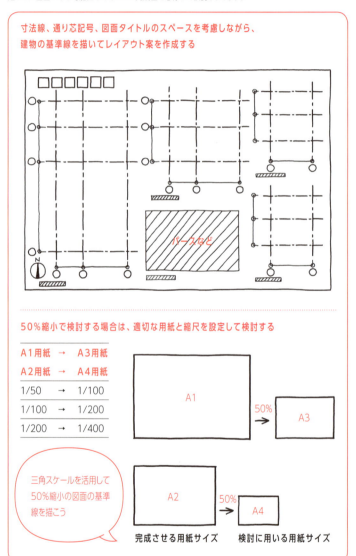

CHAPTER 2

図面を描く1
前川國男自邸

| CHAPTER 2 | 図面を描く 1　前川國男自邸

| PROLOGUE | 前川國男自邸について

PROLOGUE／前川國男自邸について
終戦間際に花開いた木造モダニズムの傑作

日本の戦後建築を考えるとき、そのあり方に根源的にかかわってきた建築家の代表をあげるとすると、前川國男が筆頭ということになるでしょう。日本の近代建築の育つ土壌をつくりあげ、建築家のあり方に深くかかわって、建築界をリードし続けた大建築家といえます。

「前川國男自邸」は、そのような前川自身が大きくブレイクしていく少し前の時代である終戦前の1942年、前川が37歳の時の作品です。戦時中は建築界においても建築資材の制限が進み、国内では木造の小規模な建築しか建設することができなくなっていったギリギリの時代という背景がありました。

当時の前川の国内における設計の取り組みも、そのような時代背景ということもあり、木造によるモダニズム建築の模索をしていくことになります。

前川國男自邸の大きな特徴は、木造の大らかな屋根と、「吹き抜けた居間と食堂のワンルーム空間＋両脇の個室」という平面構成であるといえます。5寸勾配の切妻の大屋根は、当時関心が高まっていた伝統再考の気運、またアントニン・レーモンドが「夏の家」などの木造建築群で実践した民家風意匠の影響のあらわれと見られます。平面構成は前川の師であるル・コルビュジエ譲りのシンプルで合理的なモダニズムの特徴が見られ、民家風意匠との融合が見てとれます。

また、自邸ということもあり建築の細部へのこだわりが随所にあり、特に開口部や建具などはさまざまな工夫が施されています。室内へ抑制された採光のあり方などを含め、静謐で健康的、大らかな内部空間が生成されています。

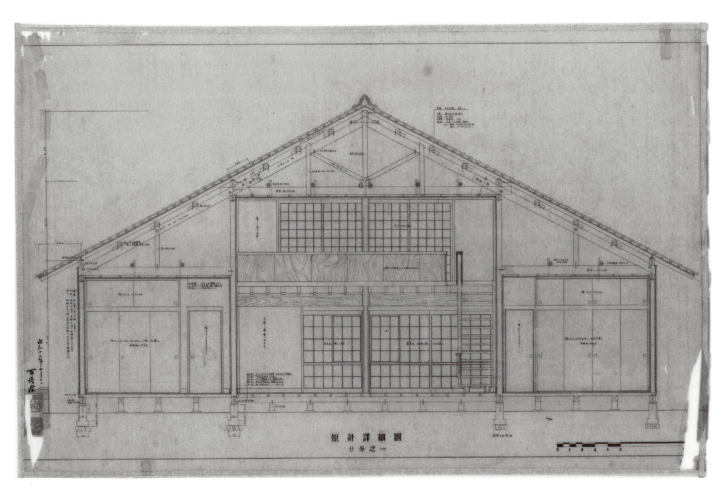

前川國男自邸
1942年
東京都品川区（現在は小金井公園内の江戸東京たてもの園に移築復元）
—
Kunio Mayekawa Residence
1942
Shinagawa Tokyo

前川國男　まえかわ・くにお
1905年-1986年。新潟県生まれ。28年、東京帝国大学工学部建築学科卒業。パリのル・コルビュジエのアトリエで学ぶ。帰国後、レーモンド事務所員を経て、35年、前川國男建築設計事務所を設立。代表作に、東京文化会館、紀伊國屋ビル、東京海上ビル、埼玉県立博物館などがある。朝日賞、日本建築学会大賞、フランス国家功労勲章など受賞

PROLOGUE｜前川國男自邸について

前川國男自邸の大きな特徴は、大らかな屋根である。5寸勾配の切妻の瓦屋根を架けて建物全体を大きく覆っている。木造という条件のもとで日本の伝統と正面から向き合いながら、新しい建築原理を実現しようとしていた設計者の思いが表現されているともいえる

明快で合理的な平面構成も大きな特徴。床面積35㎡、天井高さ4,300mmの居間を中心に、寝室などが左右対称に配置されている。それまでの木造住宅には見られなかった、モダニズムの流れをくむ空間構成が実現されている

建物中央部に2層吹き抜けの居間を配置し、その高さのままファサード（立面）を切り取るかたちになっている。さらにその面の全体がひとつの窓としてデザインされており、内部空間に光を取り込み、透明感あふれる空間をつくりあげている

「ディテールに建築家のアイデンティティが宿る」というのは前川國男の言葉である。開口部や建具のひとつひとつに工夫が施されていて空間構成上大きな役割を果たすとともに、細部へのこだわりは建具そのもののデザイン（ドアノブ含む）にも表れている

前川國男自邸 図面

CHAPTER 2 | 図面を描く1 前川國男自邸

＊完成見本の図面（S=1/100）。設計製図の演習などにおいては、必要な縮尺に適宜拡大するなどして使用すること。

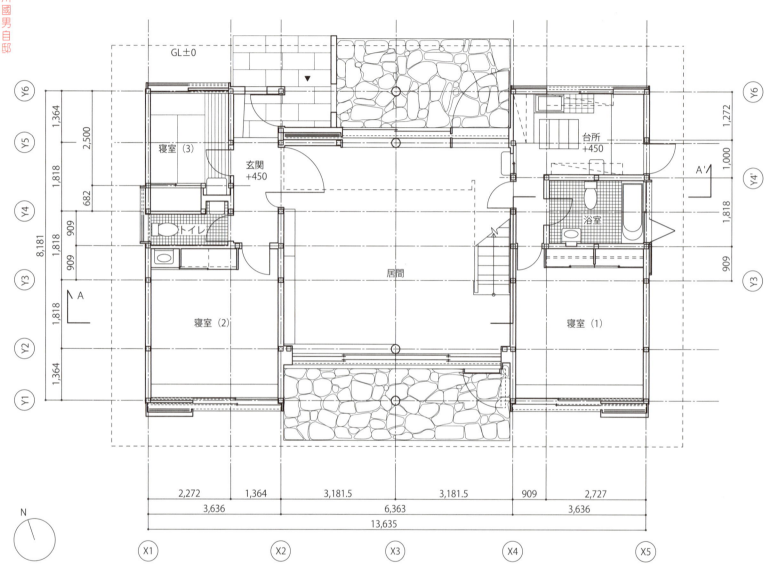

1階平面図　S=1/100

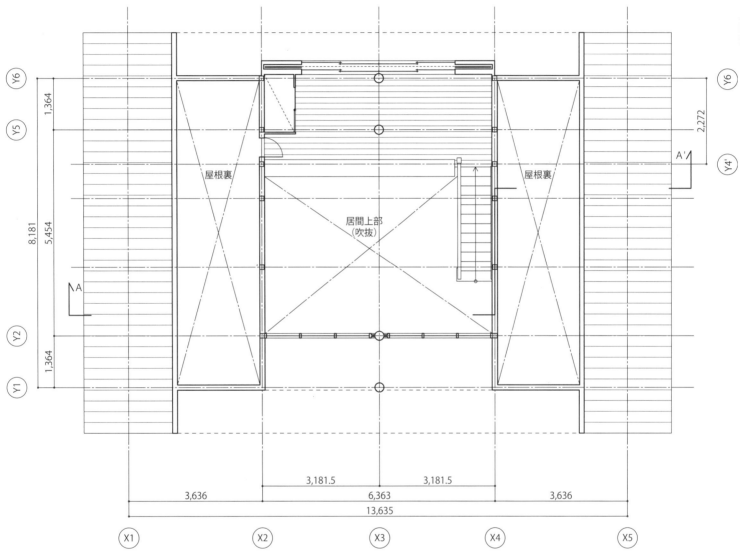

2階平面図　S=1/100

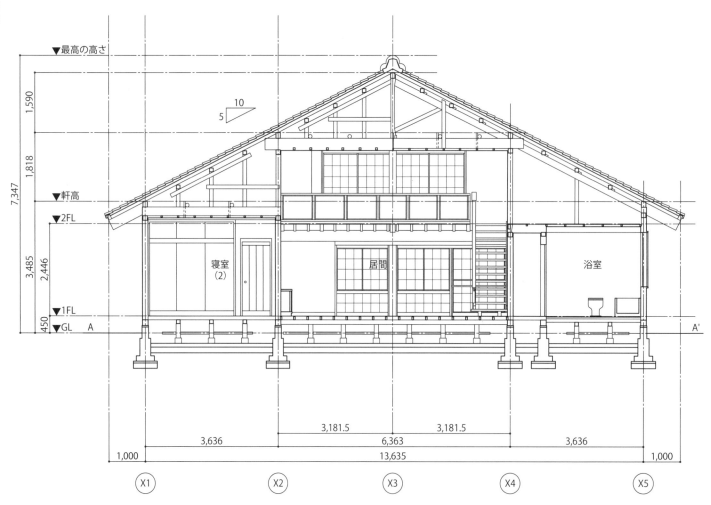

A-A'断面図　S=1/100

*完成見本の図面。左ページはS=1/100、右の折り込みはS=1/50。縮尺の異なる2つの断面図の図面表現を見比べてみること。

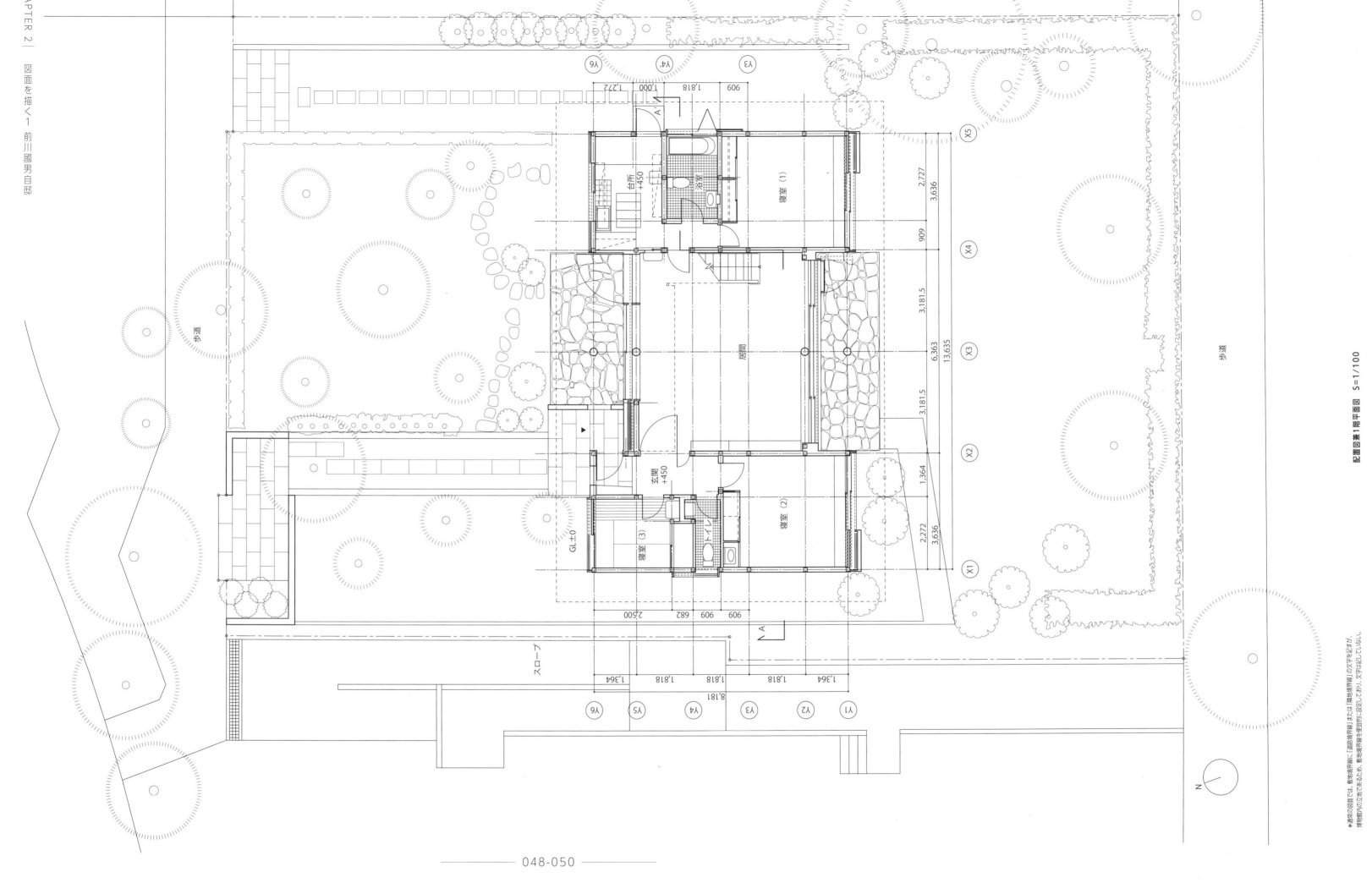

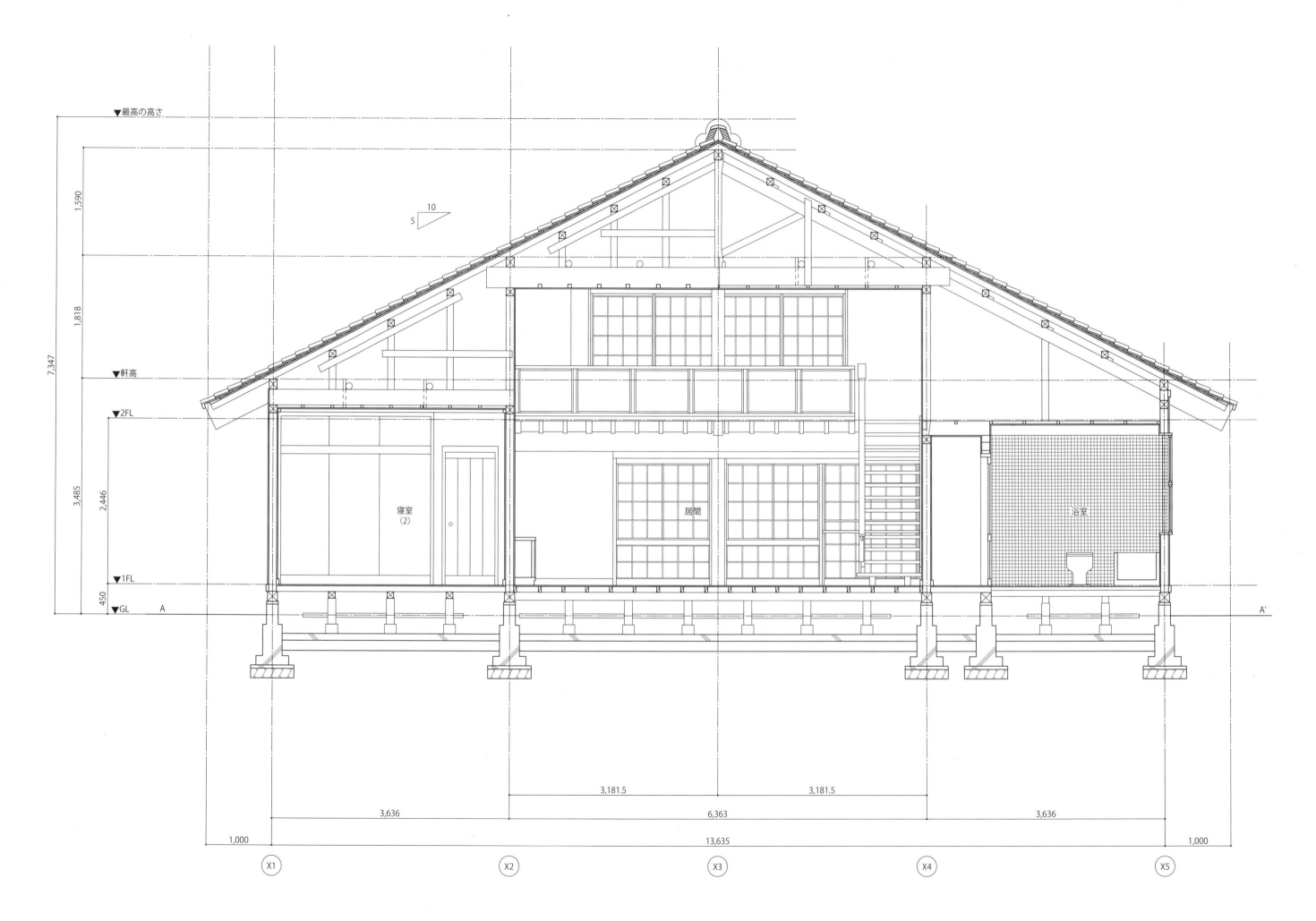

A-A' 断面図　S=1/50

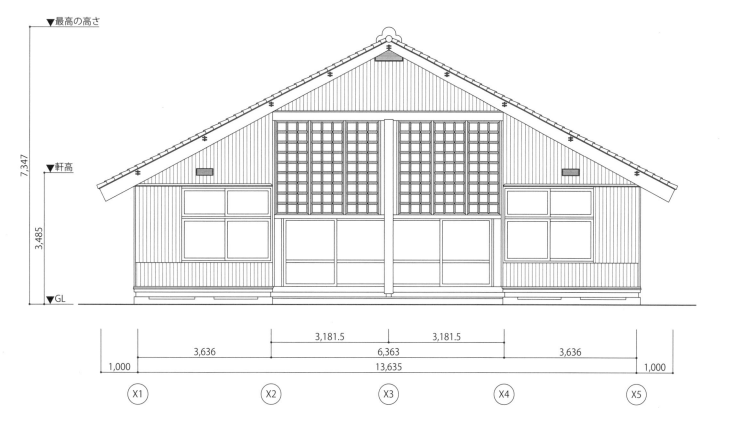

南立面図　S=1/100

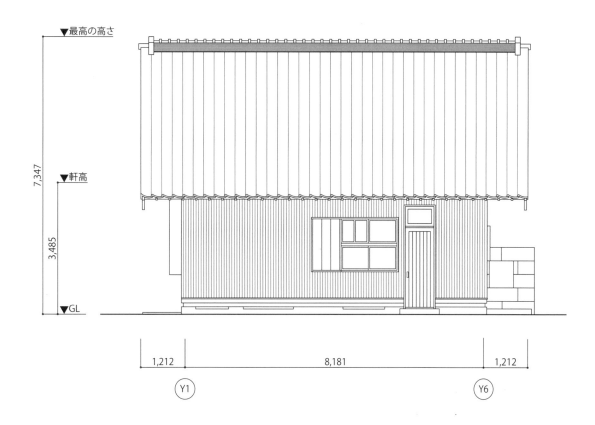

東立面図　S=1/100

LESSON 0／描く前の準備
レイアウトの検討①

CHAPTER1 LESSON11（p.34〜36）で説明した、一般的な図面のレイアウトの考え方をもとに、ここでは具体的に「前川國男自邸」の図面レイアウトを検討します。

LET'S TRY

以下の図面等をA2用紙（横使い）にレイアウトしなさい

「前川國男自邸」
- 配置図兼1階平面図 S=1/100(p.48〜50)
- 2階平面図 S=1/100(p.43)
- A-A'断面図 S=1/50またはS=1/100(p.44、p.45〜47)
- 南立面図 S=1/100(p.51)
- スケッチパース　1カット以上
- 図面タイトル、氏名

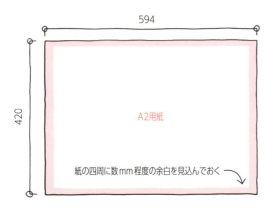

A2用紙

各図面の確認事項

1／図面の大きさ
- 建物の表現に加え、寸法線、通り芯記号の位置、その他の表現のために必要なスペースの確認（最初に確認をしておかないと、あとからの修正は困難なので、慎重に!）
- 図面ごとのタイトル、オリエンテーションなどの位置、大きさ

2／平面図の向き
- オリエンテーションに合わせる（北が上）か、アプローチに合わせる（施設のメイン出入口が下）か。これは描く人自身が決める

3／図面相互の位置関係
- 通り芯記号をそろえるとわかりやすい
- 立面図、断面図はGLライン（高さの基準レベル）をそろえるとわかりやすい

4／スケッチパースの大きさ
- 縦×横の寸法
- カット数

5／図面タイトルの大きさとデザイン
- 文字サイズ
- 文字のデザインイメージ

ONE POINT ／ スケッチパースの表現

スケッチパースは、建築の見所となる空間、特徴ある部分を選んで描きます。
建築のスケッチパースは、透視図法を用いて表現し、下図のように消失点を設定して描きます。

消失点を2点設定する場合

水平線（アイレベル）と、その両端に消失点を設定し、描画の基準とします。

■ 外観の表現

■ 内観の表現

＊消失点は仕上がりサイズの外に位置する

消失点を1点設定する場合

消失点から放射状に補助線を描いて基準とします。

■ 内観の表現

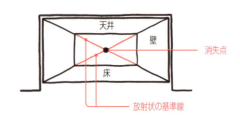

レイアウトする図面の大きさと形状を確認する

各図面に表現する内容を確認し、図面の大きさと形状を確認しましょう。
建物以外に、寸法線、通り芯記号、平面図では切断線の表記、断面図では屋根勾配の表記などを含めた図面の大きさを把握します。
図面タイトル、縮尺は、各図面共通の表記(文字の大きさ、レイアウト位置)で別途検討するとよいでしょう。
また、平面図にはオリエンテーションが必要です。

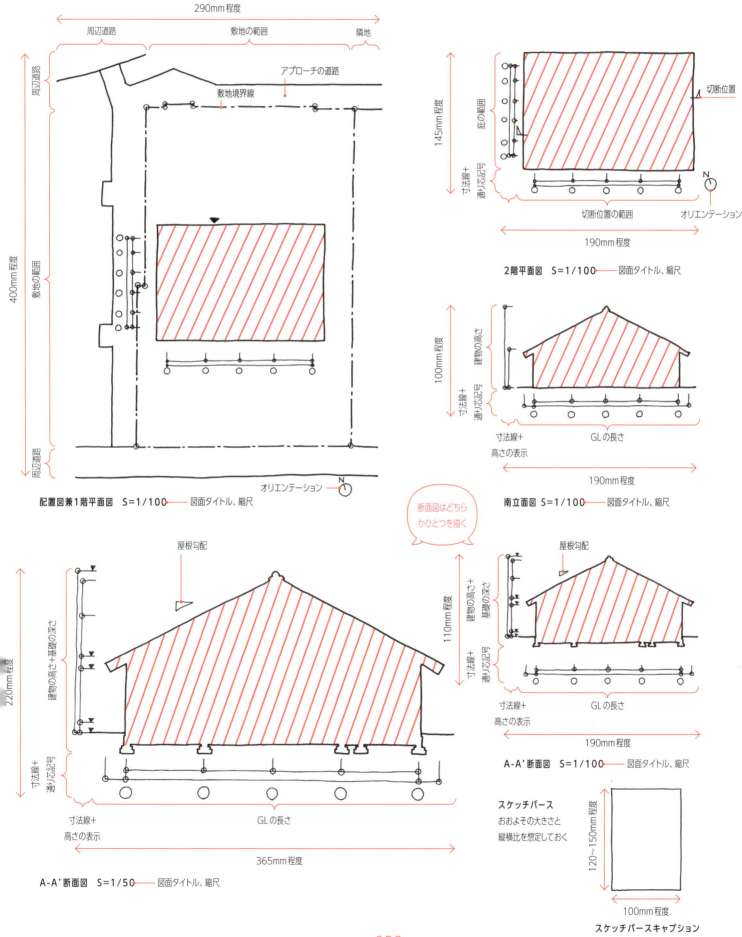

LESSON 0／描く前の準備
レイアウトの検討②

レイアウト方法①：図面を切り貼りして検討する方法

A2用紙（A3用紙2枚を並べてもよい）と、配置しようとする図面、スケッチパース、図面タイトルなどの実寸大パーツを用意して、はじめましょう。

STEP1／「配置図兼1階平面図」を配置

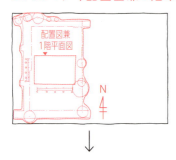

まず、もっとも大きな図面から配置を検討。用紙の片側に寄せて、北を上に配置し、他の図面のためのまとまったスペースをあけた

STEP2／「2階平面図」を配置

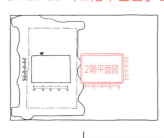

1〜2階平面図の通り芯 Y1〜Y6 がそろうように「2階平面図」を配置する。寸法線は、図面の右側に表記することにする

ここでは2つのレイアウト案を示します。

STEP3／「A-A'断面図 S=1/100」を配置

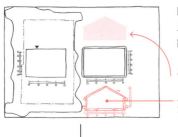

「2階平面図」と、通り芯 X1〜X5 をそろえるように「A-A'断面図 S=1/100」を配置する

ここに配置することもできる

A-A'断面図 S=1/100

STEP4／「南立面図」を配置

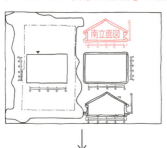

他の図面と、通り芯 X1〜X5 をそろえるように「南立面図」を配置する

STEP5／図面タイトルとスケッチパースを配置

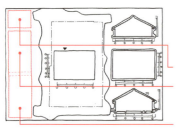

図面タイトルとスケッチパースを用紙の左側に配置する。図面全体は右側に寄せて、レイアウトを決定する

図面タイトル
スケッチパース1
スケッチパース2

STEP3'／「A-A'断面図 S=1/50」を配置

「配置図兼1階平面図」「2階平面図」を下方に移動して、「A-A'断面図 S=1/50」を配置する。「配置図」の敷地境界線が用紙内に収まるよう気をつける

STEP4'／「南立面図」を配置

図面タイトルやスケッチパースのためのスペースを考慮しながら、「南立面図」を配置する。他の図面と、通り芯がそろう配置が可能であれば、その方がベター

STEP5'／図面タイトルとスケッチパースを配置

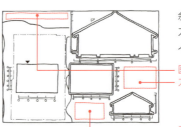

余白のバランスを考えて、図面タイトルとスケッチパースの位置と大きさを確認し、レイアウトを決定する

図面タイトル
スケッチパース1
スケッチパース2

レイアウト方法②：図面の基準線を利用して検討する方法

A2方眼用紙と三角スケールを用意し、各図面を基準線で表現して検討しましょう。50%縮小で考える場合はA4方眼用紙に右に示すスケールの図面を基準線で表現しましょう。

> **50%縮小の検討に用いる前川國男自邸**
> 配置図兼1階平面図 S=1/200
> 2階平面図 S=1/200
> A-A'断面図 S=1/100またはS=1/200
> 南立面図 S=1/200
> スケッチパース、図面タイトル、氏名も50%縮小

STEP1

全図面の通り芯と主な基準線だけを取り出して並べ、共通点を把握する

- 1、2階平面図は通り芯 Y1〜Y6 が共通（図1）
- A-A'断面図、南立面図は高さ方向の基準線が共通（図2）
- 1、2階平面図、A-A'断面図、南立面図は通り芯 X1〜X5 が共通（図3）
- 1階平面図は、敷地境界線とその周辺道路を含む範囲を確認する（図4）

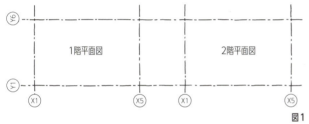
図1

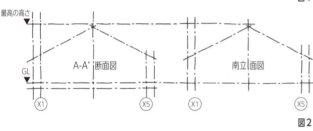
図2

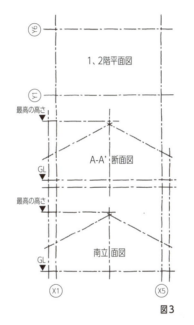
図3

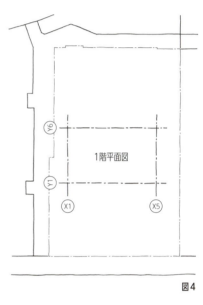
図4

STEP2

以上の共通する通り芯と基準線をそろえるように、基準線だけで図面を表現してレイアウトを検討

図面のもっとも外側の通り芯（ここではX1、X5、Y1、Y6）、GL、最高の高さ、屋根の勾配、基礎の深さ）だけで表現するとよい。配置図兼1階平面図は敷地境界線と周辺道路などを描いて検討。

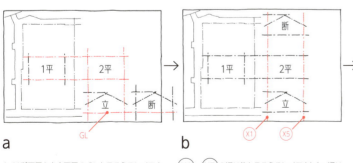

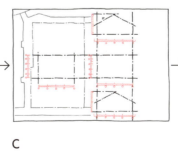

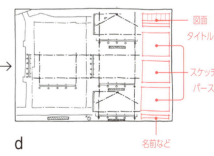

a
A-A'断面図と南立面図のGLをそろえるレイアウトを検討するが、用紙内に納まらないことがわかる。A-A'断面図の配置を変更して再検討

b
X1〜X5の通り芯をそろえるレイアウトを、通り芯で確認する

c
通り芯の線で囲まれる範囲以外に描くべき寸法線、通り芯記号、図面タイトル、縮尺、オリエンテーションの位置を確認。50%縮小で検討するときは、スケール感に注意する

d
図面間の余白や、図面位置の入れ替えなどの調整を行って配置を決定。最後に図面タイトル、スケッチパースを含めた全体のレイアウトのバランスを確認して完了。図面タイトル、スケッチパースは用紙の左側にレイアウトすることも可

図面レイアウト参考例

前川國男 自邸

| CHAPTER 2 | 前川國男自邸を描く

透視図

居間から玄関を見た図

配置図兼1階平面図 S=1/100

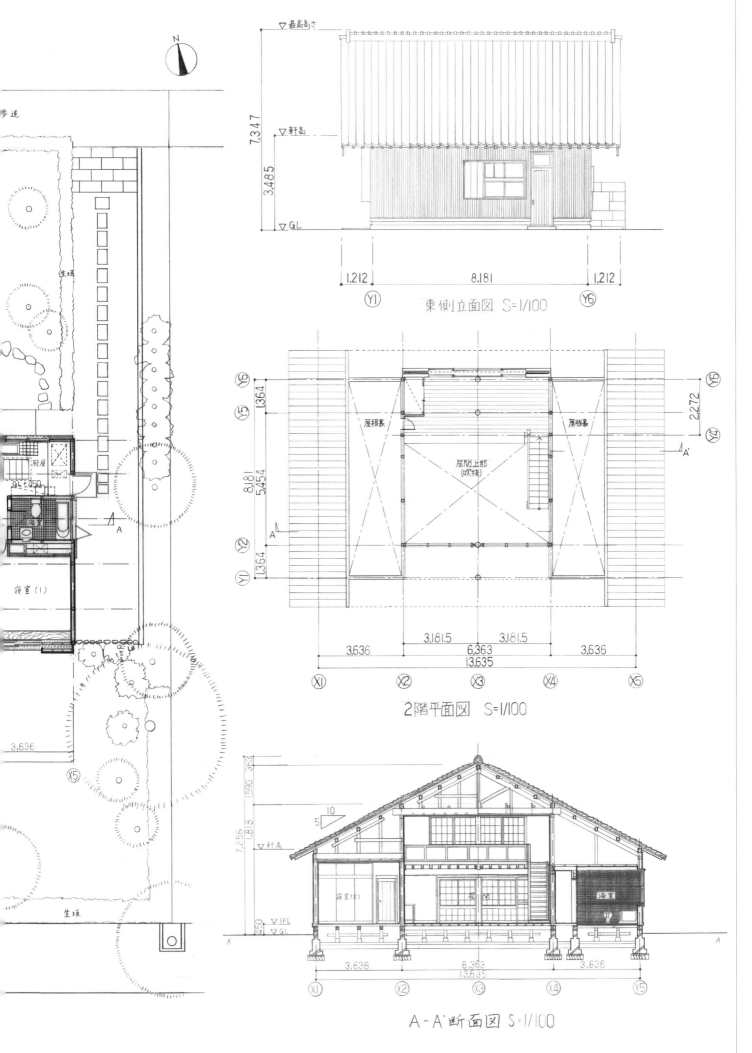

*実際にはA2サイズで描いた図面を縮小して掲載している。レイアウトの参考図面として掲載しており、手本図面(p.42~51)と一部異なる表現がある。

LESSON 1／配置図兼1階平面図を描く
1-1. 描き方のフロー

STEP0／レイアウトを決定する

STEP1／敷地境界線と建物の基準線を描く

建物の位置を定め、敷地境界線を描く。通り芯と柱、壁の基準線を描く。

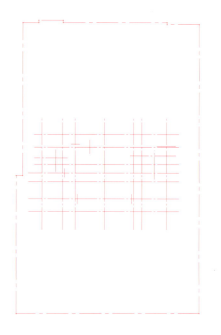

STEP2／柱型を描く

柱の位置に柱型（柱の断面）を描く。

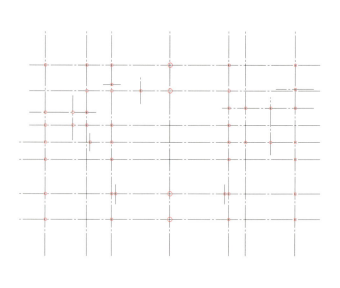

STEP5／見えがかりを描く

床の段差、建具の枠、棚などの家具、トイレ、洗面などを描く。

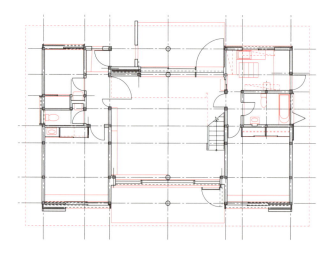

STEP6／床の仕上げ、目地などを描く

浴室とトイレのタイル貼りや、畳、板の間、縁側の石貼りなど、床や屋外の仕上げを描く。

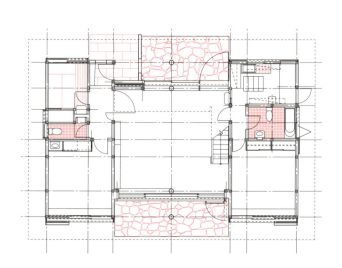

STEP3／壁を描く

開口の位置を決め、壁を描く。

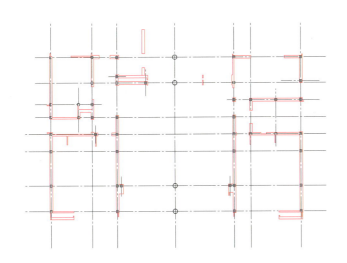

STEP4／建具、階段を描く

扉、窓などの建具を描く。1階から2階への直進階段を描く。

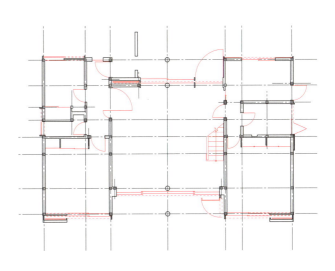

STEP7／室名、寸法線、通り芯記号、表示記号などを表記する

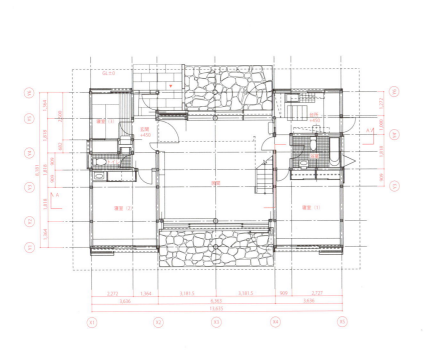

STEP8／外構を描き、図面タイトルなどを表記する

外構を描き、図面タイトル、縮尺、オリエンテーションを表記する。

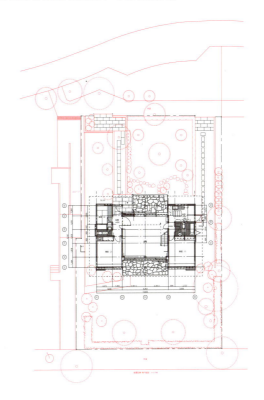

LESSON 1／配置図兼1階平面図を描く
1-2. 図面を描く

STEP1／敷地境界線と、建物の基準線を描く

1. 敷地境界線*を1点鎖線・細線で描く（下図では省略、p.48~50、70参照）。
2. 通り芯 X1 ～ X5 、 Y1 ～ Y6 を1点鎖線・細線で描く。
3. 基準線（柱、壁の中心線）を1点鎖線・細線で描く。

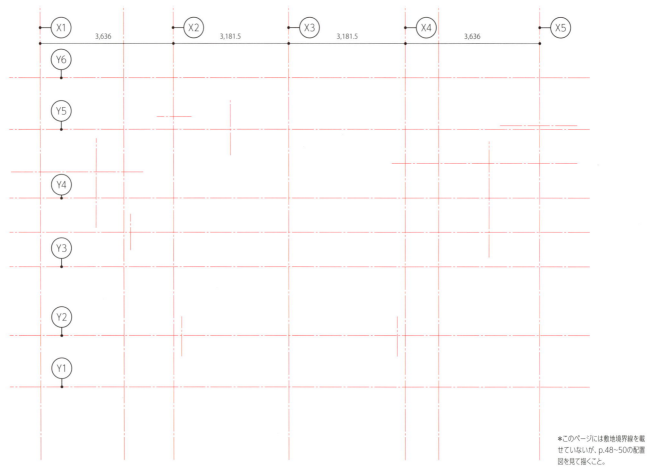

*このページには敷地境界線を載せていないが、p.48~50の配置図を見て描くこと。

ONE POINT／基準線の描き方

このSTEP1の目的は、建物の構造体の位置を定めることと、STEP2で柱型を、STEP3で壁を描くための下準備です。
次ページ以降も参考にして、基準線を描くとよいでしょう。

1. 通り芯と基準線
手本図面から柱と壁の位置を読み取って、その位置(中心)を基準線で表現します(右図の赤線参照)。

2. 線種
通り芯は、1点鎖線・細線で描きます。通り芯以外の基準線は、1点鎖線・細線、または、ごく薄く細い実線（描く本人だけがわかるくらいのうっすらとした線）で描きます(p.29「補助線の使い方」参照)。
通り芯は仕上がり図面に必要な線ですが、通り芯以外の基準線は仕上がり図面に残らない薄い線で構いません。

3. 表現の注意
線の交点は、正確な位置がわかるように交わりをていねいに表現します。

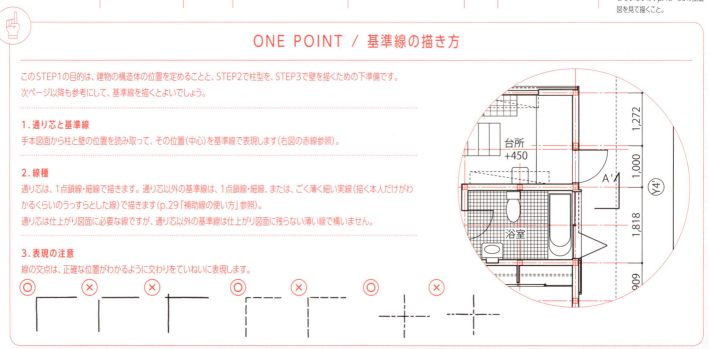

STEP2／柱型を描く

丸柱（φ242）と角柱（□-120×120）を実線・太線で描く*。

*φ242は直径242mm、□-120×120は一辺120mmの正方形を意味し、部材の断面寸法を表す。

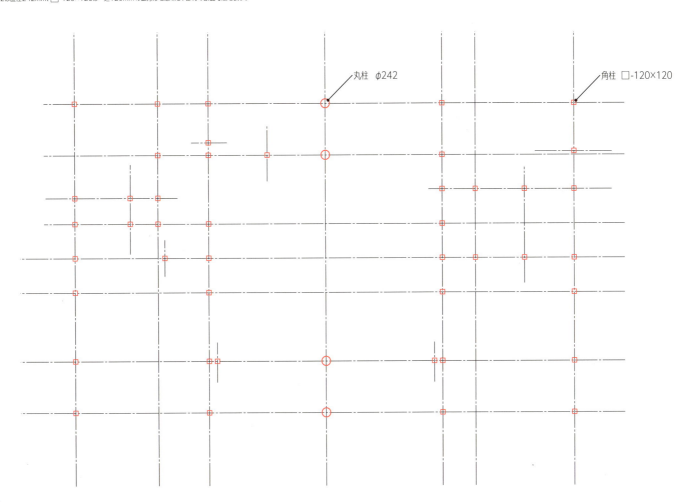

ONE POINT ／ 柱型の描き方

木造建築の平面図の場合、縮尺によりますが、独立柱、壁の中の柱型を表現します。

1. 柱型
丸柱と角柱を、STEP1で記した柱位置（1点鎖線の交点）に、柱の中心を重ねて描きます（図1）。

2. 線種
柱は断面線（実線・太線）で描きます。

3. 表現の注意
縮尺によりますが、柱の断面の表現は、図2のように表現することもあります（p.31「表示記号」参照）。

4. テンプレート、平行定規を活用しよう
テンプレートを平行定規上に置き、テンプレートを基準線と平行に少しずつ横に移動させて描き進めます。テンプレートを使わないで描くこともできます。

柱の断面と通り芯（基準線）の関係

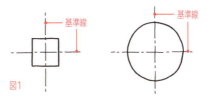

図1

柱の断面

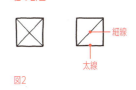

図2

テンプレートを使った柱型の描き方

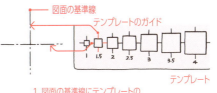

1.図面の基準線にテンプレートのガイドが重なるように置く

図3

2.テンプレートの形に合わせて線を引く

STEP3／壁を描く

壁の位置を補助線で下描きし、開口部の位置を定めて、壁面の線を断面線（実線・太線）で描く。

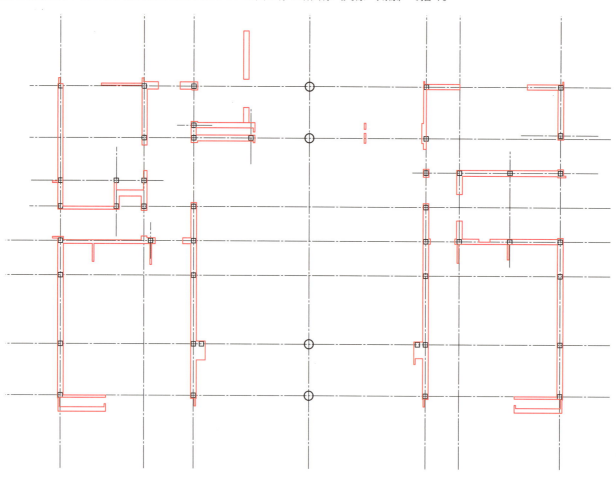

ONE POINT ／ 壁の断面線の描き方

1. 壁と開口（扉・窓）
壁は基準線を中心にダブルライン（2重線）を描きます。扉や窓の位置は、空欄です。

2. 線種
壁は、切断面を意味する断面線（実線・太線）で描きます。

3. 表現の注意
壁の断面線は右の図1-①のような閉じた図形の表現です。誤りやすい表現として、図形が2つ以上に分割される線を描くことがありますが、図面表現の意味が変わるので、注意が必要です（図1-②、③）。
前川國男自邸の壁の大半は大壁式ですが、一部真壁式になっています（真壁式とは壁の表面に柱が見える構造。壁の厚みよりも柱が太いということ。大壁式とは壁の中に柱が納まっていて表面上は柱の位置がわからない構造。柱の太さよりも壁が厚いということ。図2）。

4. 補助線を用いて描こう（図3）
断面線の位置を下描きして、断面線を正確に描きましょう。
①壁の線（ダブルライン）を、基準線を中心に補助線（ごく薄く細線）で下描きする。両側に同じ距離の位置に平行な線を引くことを「等分に振り分ける」という。
②開口の位置、壁の長さを定めて、補助線で下描きする。
③断面線で清書する。

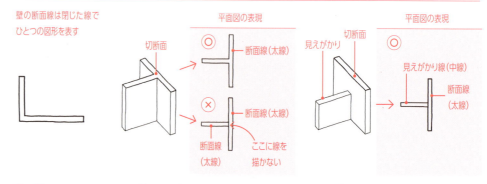

図1-①　　図1-② 壁全体が切断面となる場合　　図1-③ 一方の壁だけが切断面となる場合

大壁式と真壁式を理解しよう

図2

壁面の断面線の描き方手順

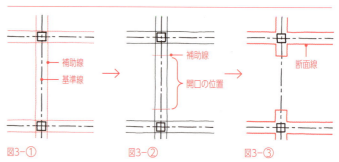

図3-①　　図3-②　　図3-③

STEP4-1／建具を描く

扉、窓などの建具を断面線（実線・太線）で描く。

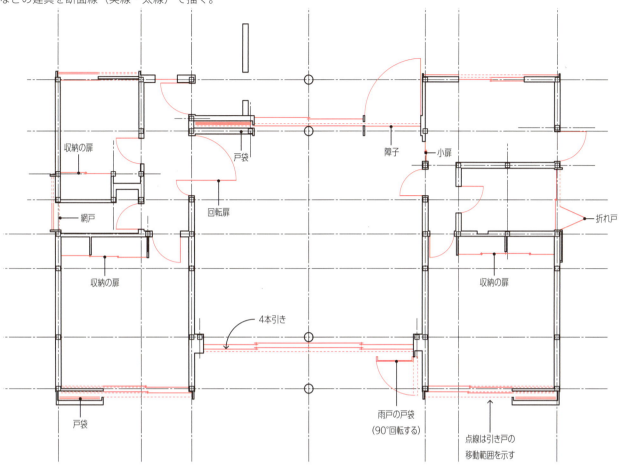

ONE POINT ／ 建具を表す線種を知ろう

前川國男自邸の建具は複雑ですが面白い構成です。手本図面を見て不明な部分は次ページ以降のヒントを参考に建具のデザインを把握し、図面表現を考えましょう。p.30の表示記号も参考にしてください。

1. 建具の種別
縮尺1/100の図面では、建具の種別は表示記号を用いて表現します。

2. 線種
原則、平面図の建具は断面線（実線・太線）ですが、右図上の片開き扉と右図下の引違い窓（扉）の表現にあるように、複数の線種を組み合わせて表現します。
点線--------で表す建具は、上の図面では引き戸の移動範囲と網戸を表していますが、シャッターなどのほかの建具を表すことがあります。

3. 表現のポイント
引違い窓（扉）は、2枚の窓（扉）の幅を等しく、右手前に配置します。

4. 扉の円弧の描き方
円テンプレートを用いてていねいに正円の円弧（90°）を描きましょう。

片開き扉

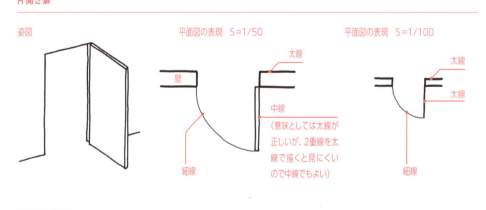

引違い窓（扉）

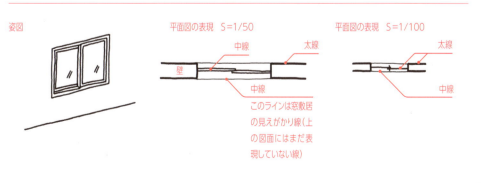

LET'S STUDY

前川國男自邸の建具は個々に特徴があって、細部までていねいにデザインされています。
ここでは、さまざまな工夫が凝らされた建具をクイズ形式で紹介します。クイズの答えを考えながら、前川國男自邸の建具のディテールに迫りましょう。
＊平面図はSTEP5までの表現（かくれ線を除く）。

1階平面図

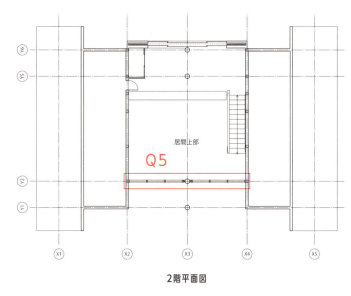

2階平面図

QUIZ

1階平面図より
Q1. 寝室(3)北側の建具を、表示記号を用いて描いてみよう
Q2. 寝室(2)南側の建具を、表示記号を用いて描いてみよう
Q3. 居間南側の建具(4枚組の引違い扉)を、表示記号を用いて描いてみよう
　　東側の片開き扉のような建具は何でしょう
Q4. 居間北側の建具の構成を、表示記号を用いて描いてみよう

2階平面図より
Q5. 居間の吹き抜け上部南側の建具を、大きな縮尺で細部まで表現してみよう

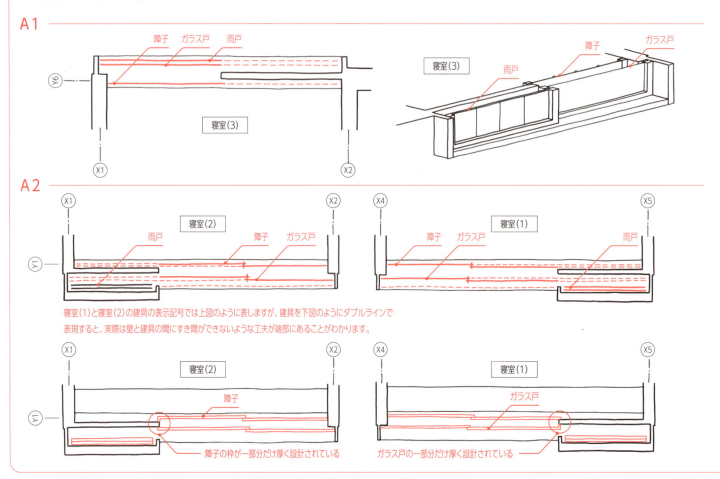

前川國男自邸の建具を見てみよう

A3

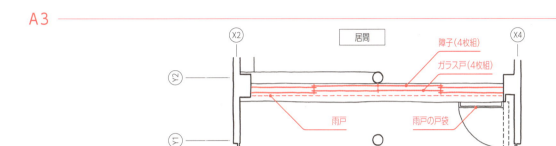

東側の片開きのような建具は、雨戸の戸袋です。雨戸を収納し、90°回転することで、南面の開口の幅を、居間の空間とほぼ同じ幅に広くする工夫です。

1. 雨戸を戸袋に引き込む
2. 雨戸すべてを戸袋に収納した状態
3. 戸袋ごと雨戸を90°回転させて、側壁側へ寄せる

A4

部屋の内から外へ、障子→雨戸→ガラス戸の順になっています。東側の片開き扉は、内側の雪見障子のガラスのメンテナンス用にあるそうです。また、片開き扉は建具枠が必要です。忘れずに描きましょう。

A5

立面図を参考にして、建具の形状を読み取り平面図に表現してみましょう。図面の縮尺がS＝1/200からS＝1/30程度の表現を紹介します。本来なら縮尺を変えるべきですが、図面表現の違いをわかりやすくするために、同じ縮尺で表現して比較しています。

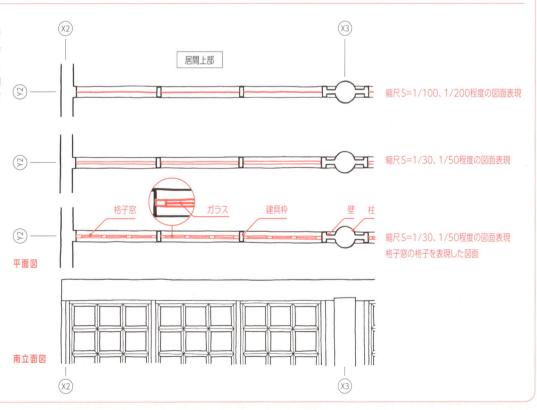

縮尺S=1/100、1/200程度の図面表現

縮尺S=1/30、1/50程度の図面表現

縮尺S=1/30、1/50程度の図面表現
格子窓の格子を表現した図面

STEP4-2／階段を描く

1階から2階への直進階段を見えがかり線（実線・中線）で描く。

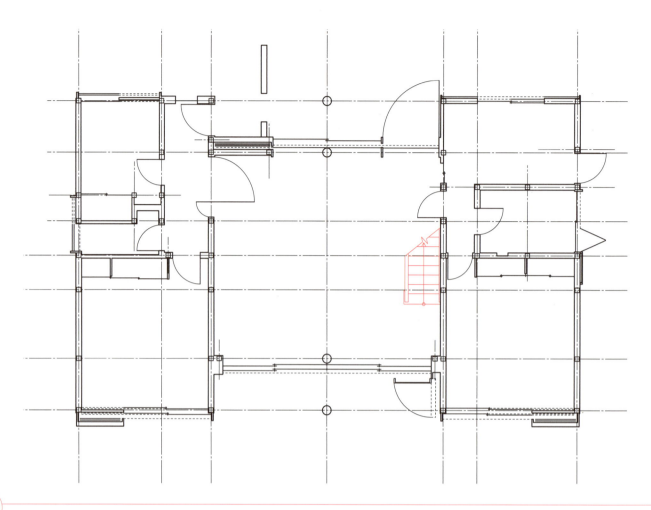

ONE POINT ／ 階段の描き方

階段は見えがかりの表現のひとつです。

階段の作図 等間隔の線を引く方法

階段の踏面寸法は数値が細かく、1段ごとに正確な寸法を三角スケールで測ってS＝1/100で描くことは困難です。階段全体の長さを等分することで描く方法を紹介します。

1. 直進階段
前川國男自邸の階段は、まっすぐの直進階段です。階段の上りはじめに小さい丸と、上る方向に矢印を描きます。

2. 線種
階段は見えがかり線（実線・中線）で描きます。

3. 表現のポイント
1階平面図には、1FL＋1,000〜1,500の高さより下を表現するため、階段は7段目あたりにラバット（破断線）を表示します。

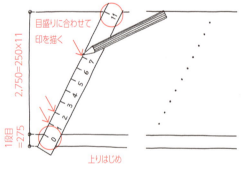

1. 2〜12段目の長さ2,750を図面の縮尺通りに描く。その両端に、三角スケールの目盛りの0と11を合わせて置き、1目盛りごとに印をつける

※1段目だけ踏面寸法が異なるので、別途描く

2. 等間隔の印がつけられた状態。点は、薄く描かれていればよい

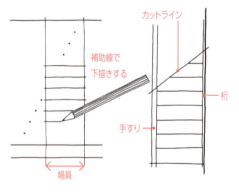

3. 階段の幅員を下描きし、表記する段を2の印の位置に下描きする

4. 手すり幅などを測って下描きし、階段を清書する

5. ラバット（破断線）、矢印、上りはじめの丸を描く

STEP5／見えがかりを描く

床の段差、棚などの家具、トイレ、洗面、浴槽、キッチンカウンターなどの見えがかりを実線・中線で描く。
庇、上部にある棚、階段の続き、ロフト床の端などをかくれ線（破線・中線）で描く。

LESSON 1 ｜ 配置図兼1階平面図を描く

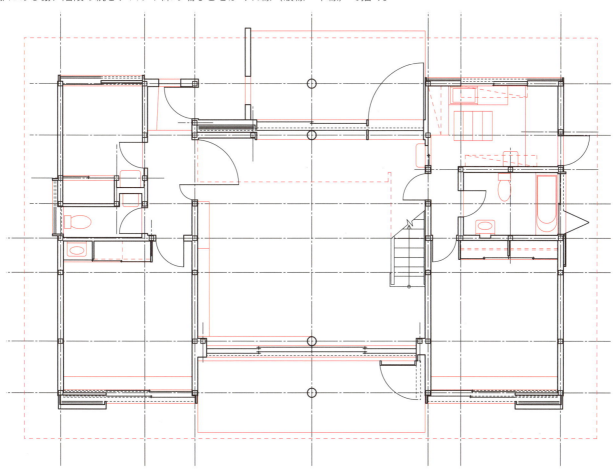

ONE POINT ／ 平面図の切断面の上と下をセットで考えよう

建物の内部は切断面より下方に見えるものを見えがかり線で描きます。玄関の上がり框、建具枠、棚、洗面・トイレなど、さまざまなものを表現します。対象となるものを個別に覚えようとするよりは、「高さに差（段差）がある位置を示す線」と理解することをおすすめします。

1. 見えがかり線・かくれ線
見えがかりは外壁面まわりについて地盤面と高さの差が生じる位置と、室内の床面（1FL）と段差が生じる位置を表現しましょう。切断面より上にあるものはかくれ線で描きます。たとえば、天井面より下に下がっている位置を示しますが、すべてを表現する必要はありません。吹き抜け、庇、階段など空間の構成を表現する重要な部分を描きます。

2. 線種
かくれ線は破線・中線で描きます。

3. 表現のポイント
見えがかり線とSTEP2、3の断面線（実線・太線）との太さの違いをはっきり区別させることで、正確で読みやすいメリハリのある図面が描けます。

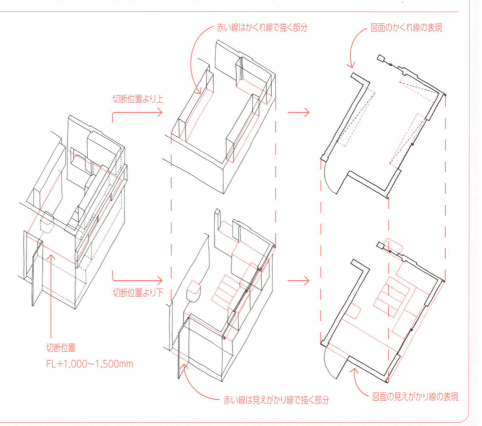

067

STEP6／仕上げを描く

室内床面のタイル、板の間、玄関・テラスの石貼りなどを実線・細線で描く。

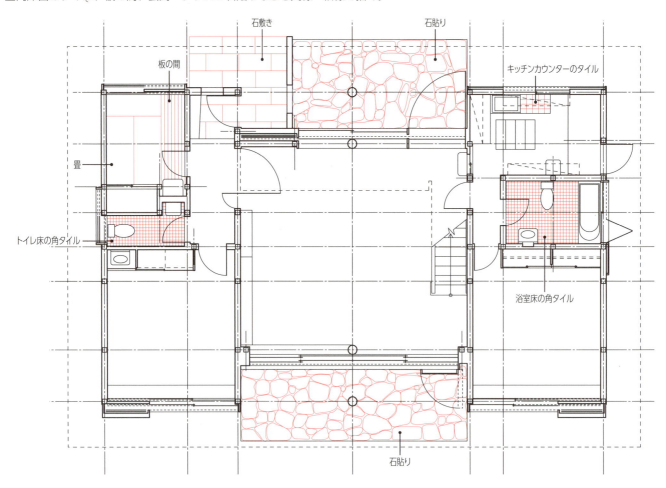

ONE POINT ／ 仕上げの描き方

1. 表面の仕上げ
床面のフローリングの表現は省略しています。浴室・トイレは角タイル、寝室（3）は板の間と畳、キッチンはカウンターのタイルを表現します。玄関まわりとテラスはそれぞれ石貼りを表現します。

2. 線種
タイルの目地や床の板目などは実線・細線で描きます。

3. 表現のポイント
仕上げを表現することで、建物内外の区別がわかりやすく、空間をイメージしやすくなり、図面を読む助けになります。仕上げの表現は、断面線（太線）・見えがかり線（中線）に比べると、細線で控えめに表現されますが、図面表現としては大きな意味をもっています。

仕上げの表現のバリエーション例

フローリング　フローリング（乱尺）　板目　Pタイル　角タイル

レンガ　畳　石貼り　砂利敷き　打ち放しコンクリート　モルタル塗り

立面図、断面図などの表現で用いる

STEP7／室名、寸法線、通り芯記号、表示記号などを表記する

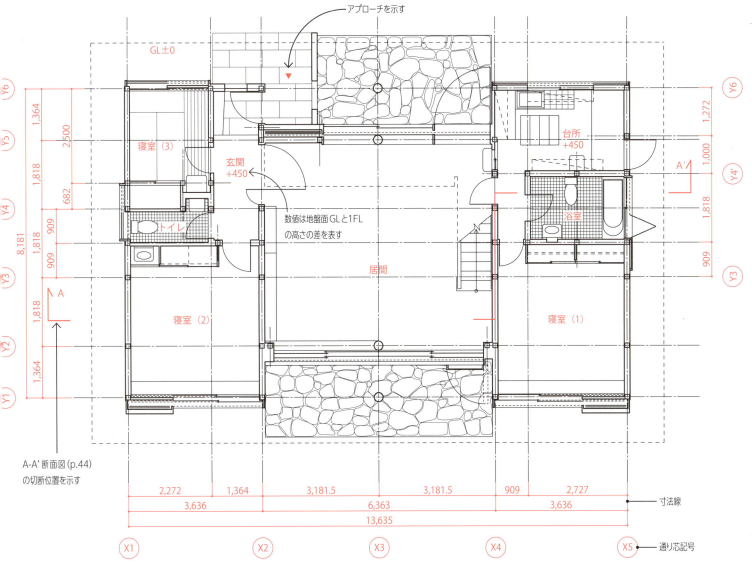

*寸法線・通り芯記号は外構の表現と重なる部分があるので、描き順は、STEP8の外構を先に描き→STEP7の寸法線と通り芯記号としてもよい。

ONE POINT／図面に記す記号を理解しよう

建物を表現した図面について、文字・記号の表現で説明を加えます。実際の建築にはない図面上の表現ですが、重要な情報です。

1. 室名
補助線を引き、文字の大きさ、間隔、位置（スペースの中央付近）をそろえて書きます。文字の表現はp.34参照。

2. 寸法線
線種は実線・細線です。線の交点は小さい丸でマークし、数値は線の上に書きます。

3. 通り芯記号
p.42～43の平面図を見て描きます。

4. 表示記号
建物のアプローチに▼を記入します。切断位置（断面図の位置と向きを示す矢印、A、A'の記号）を記入します（右図）。

切断位置の表現

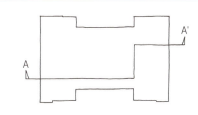

A-A'断面図は建物をカギ形に切断した面を描いている。平面図上にはその位置をカギ形に記す

建物の断面

上の切断位置で垂直に切断した建物を表したものが左図

STEP8／外構を表現し、図面タイトル、縮尺、オリエンテーションを表記する

外構を見えがかり線（実線・中線）と細線で描く。
図面タイトルと縮尺は適切な文字の大きさでそろえて書き、オリエンテーションを表記する。

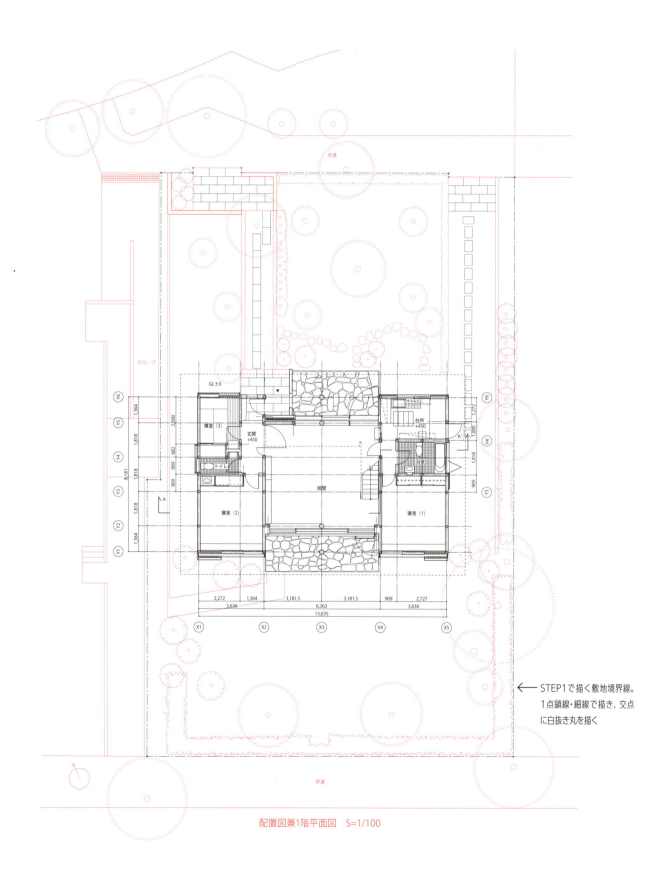

← STEP1で描く敷地境界線。1点鎖線・細線で描き、交点に白抜き丸を描く

配置図兼1階平面図　S=1/100

＊図面はS=1/100で表現しているが、掲載サイズはS=1/200に縮小している。

ONE POINT / 建物が建つ敷地の表現

建築は、敷地境界線に囲まれる敷地全体をデザインして図面に表現します。道路から建物入口へのアプローチ、敷地境界のデザイン、庭や駐車場など、建物以外の計画も表現して平面図を完成させましょう。

1. 外構
外塀、敷石、タイル、階段、スロープ、溝・植栽など敷地内の建物以外の部分を表現します。

2. 線種
外構は見えがかりと同じく、実線・中線または細線で表現します。ただし、外塀などで切断面となる部分は、断面線(実線・太線)で描きます。

3. 総仕上げ
最後に、必要な表現がすべて正確に表されていることを確認して完成です。描き忘れがないように、表現すべき事項を一覧にしたリストをつくって、セルフチェックするとよいでしょう。

実施設計の配置図では建物を屋根伏図で表現することが一般的です(下図)。配置図と1階平面図を合わせて左ページのように表現すると、建物の内部と外部の関係性がわかりやすくなります。図面のプレゼンテーションの目的によって、建物の表現を選択するとよいでしょう。

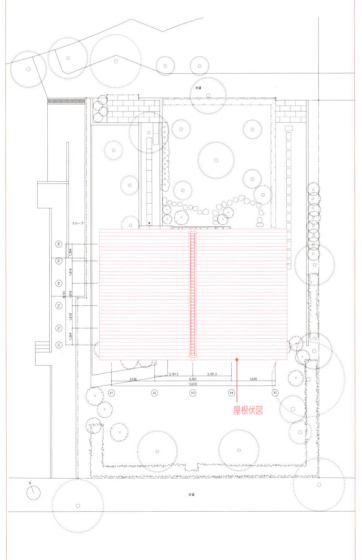

屋根伏図

植栽の表現

樹種(大きさ、形など)の様子を、下の例のように表現します。下描き線を描くなどして建物の表現同様にていねいに表現しましょう。

生垣

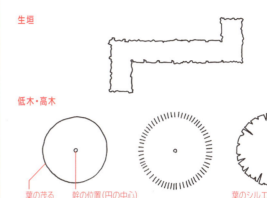

低木・高木

葉の茂る範囲(円形) / 幹の位置(円の中心)

葉のシルエットの表現

葉のシルエットの表現 / 枝と葉の表現 / 枝の表現

立面図、断面図などでの樹木の表現例

幹と枝の表現 / 葉のシルエットの表現 / 幹と葉のシルエットの表現

植栽の描き方

生垣の範囲を下描きする → 下描き線に沿って葉を描く

樹形を下描きする → 放射状に葉の表現を描く → 葉の表現を密にする

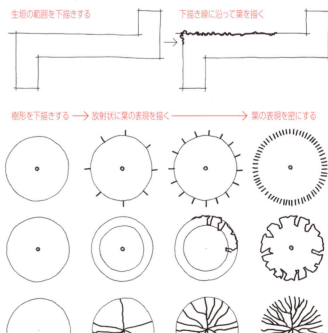

LESSON 2／2階平面図を描く

STEP1／通り芯、基準線を描く

通り芯 X1 〜 X5 、 Y1 〜 Y6 、基準線を1点鎖線・細線で描く。正式には各階平面図に敷地境界線を描くが、本書では省略している。

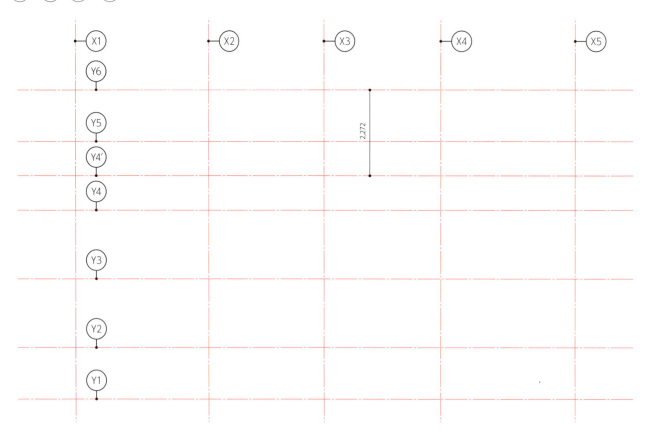

STEP2／柱型を描く

丸柱（φ242）と角柱（□-120×120）を断面線（実線・太線）で描く。

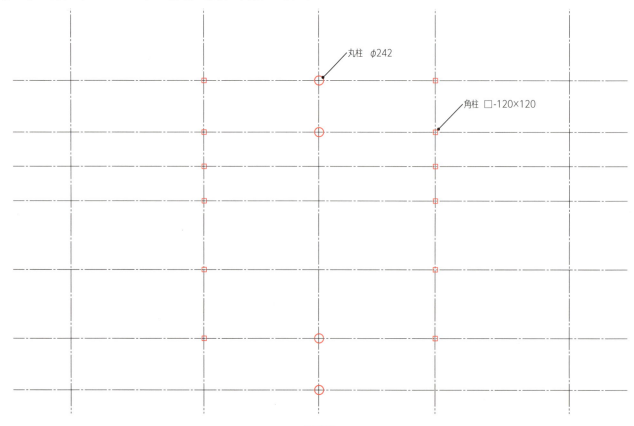

STEP3／壁を描く

2階平面図は、2FL＋1,500の高さで建物を切断するため、屋根裏空間を表現する。

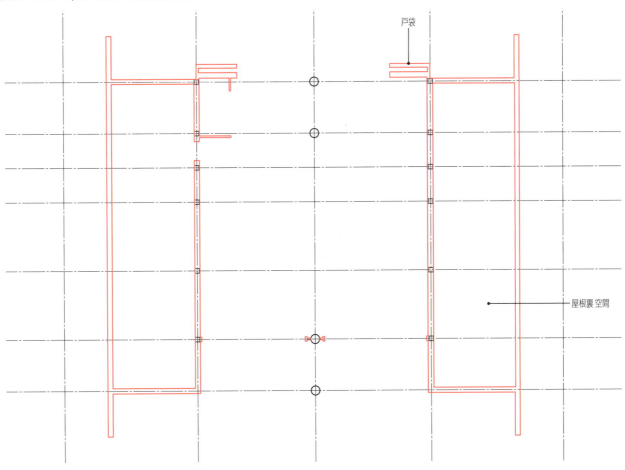

STEP4-1／建具を描く

南面の建具はp.64〜65を参照。

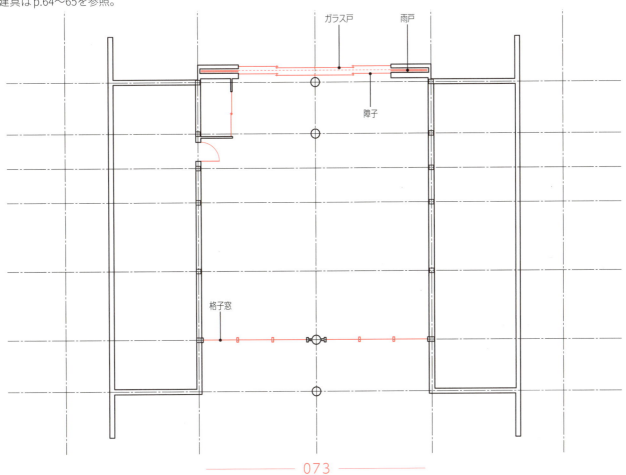

STEP4-2／階段を描く

矢印は、上る方向の1階から2階に向けて描く。
階段は吹き抜け空間にあって、2階から階段全体が見下ろせるので、上りはじめから描く。

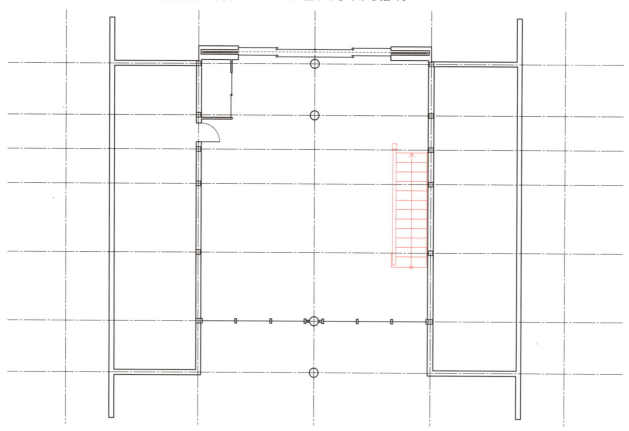

STEP5／見えがかりを描く

屋根面は「屋根伏図」の表現とする（p.71参照）。
庇をかくれ線（破線・中線）で描く。

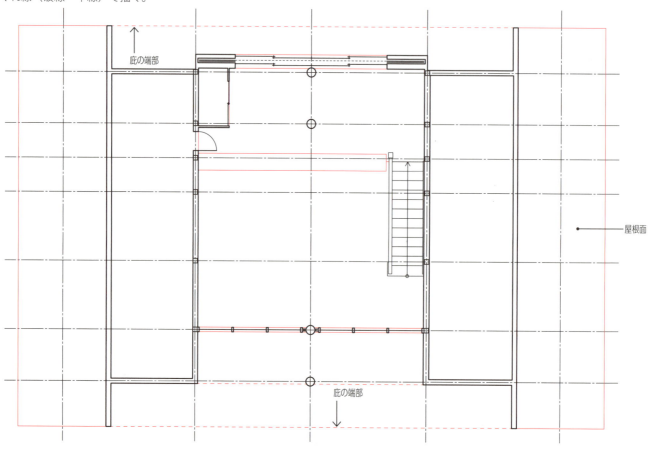

STEP6／床と屋根面の仕上げを描く
STEP7／室名、寸法線、通り芯記号、表示記号などを表記する
STEP8／図面タイトル、縮尺、オリエンテーションを表記する

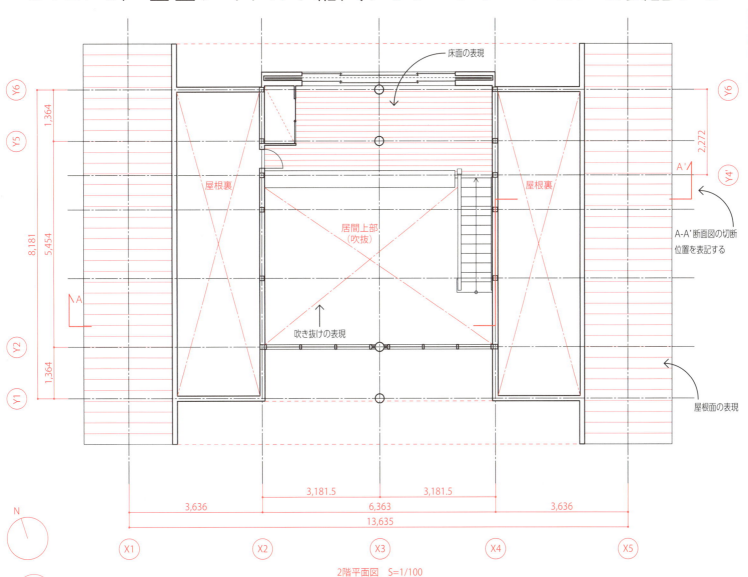

2階平面図　S=1/100

ONE POINT ／ 吹き抜けと階段の図面表現

吹き抜け空間に階段を計画すると、吹き抜けの表現（1点鎖線）は上の図面のように描きます。下の断面のイメージを見て、吹き抜けの表現の描き方を考えてみましょう。

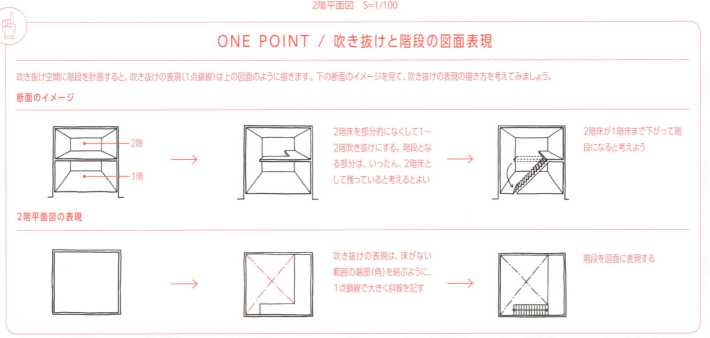

LESSON 3／A-A'断面図を描く
3-1. 描き方のフロー

STEP0／レイアウトを決定する
STEP1／通り芯、基準線を描く
通り芯、高さ方向の基準線、柱・壁・屋根などの基準線を描く。

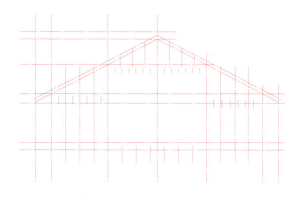

STEP2／断面線を描く

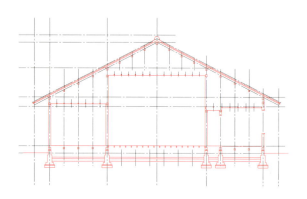

STEP3／建具、階段を描く

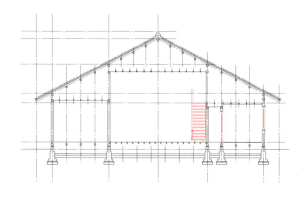

STEP4／見えがかりを描く
①壁、床、天井、屋根、②小屋裏、③基礎、床下に分けて見えがかりを描く。

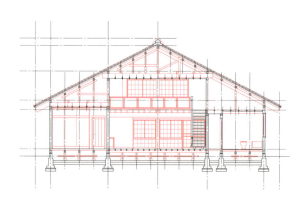

STEP5／室名、寸法線、通り芯記号、表示記号、図面タイトル、縮尺を表記する

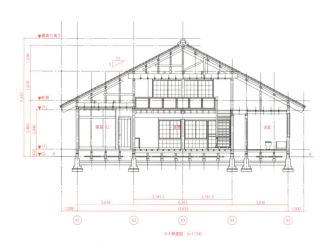

LESSON 3／A-A'断面図を描く

3-2.図面を描く

STEP1／通り芯、基準線を描く

1. 通り芯 X1 〜 X5 を1点鎖線・細線で描く。
2. 高さ方向の基準線（GL、1FL、2FL、軒高、最高の高さ）を1点鎖線・細線で描く。
3. 屋根、柱、壁の基準線を1点鎖線・細線で描く。
4. 小屋裏、床下の部材の基準線を描く。

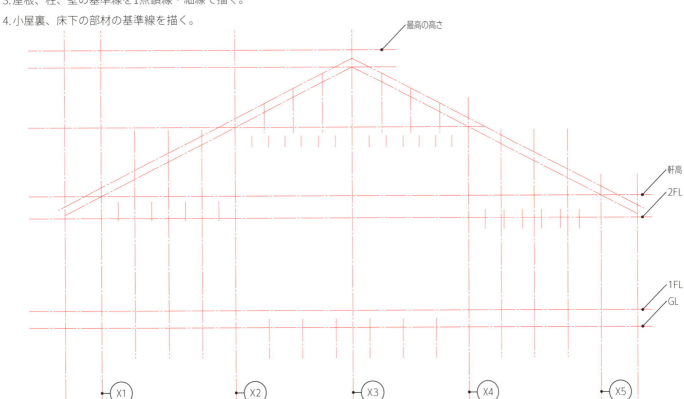

ONE POINT ／ 高さ方向の基準が示す位置

1. 基準線と建物の関係

通り芯、柱、壁の基準線は、部材の中心（芯）を示します。高さ方向の基準線は、床や部材の上端（表面の位置）を示します。

2. 線種

通り芯と高さ方向の基準線は、1点鎖線・細線(仕上がり図面に残す線)です。屋根、柱、壁の基準線は、1点鎖線・細線、または、ごく薄く細い実線で描きます。

3. 屋根の基準線の描き方

屋根は5寸勾配。5寸勾配の斜線を、野地板、瓦の位置に下描きすることで、屋根が描きやすくなります。

屋根勾配は、棟木の上端の芯と軒桁の上端の芯を結ぶ斜線です。
寸法線で確認すると、(3636+3181.5):(1818+1590)≒10:5

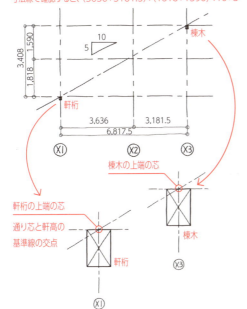

通り芯・基準線と建物の関係
p.23参照

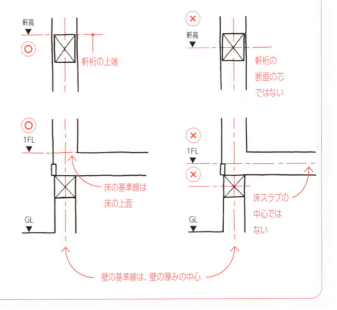

①壁・床・天井・屋根

「STEP2 断面線を描く→STEP3 建具、階段を描く→STEP4 見えがかりを描く」については、図面の見やすさに配慮して、①壁・床・天井・屋根、②小屋裏、③基礎・床下の範囲に分けて描きます。

STEP2-①／断面線を描く

GL、壁（内外部）、床面、天井面、屋根（野地板*、瓦）を断面線（実線・太線）で描く。

＊野地板は、p.81の屋根の構成を参照

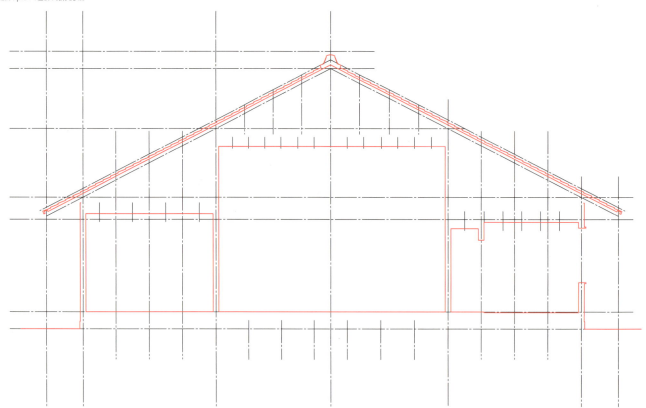

ONE POINT ／ 断面図の断面線が表す建物の空間構成

「建物の外形と内部空間の構成」を表現するイメージです。

STEP3／建具・階段を描く

階段は見えがかり線（実線・中線）で、建具は断面線（実線・太線）で表現する。

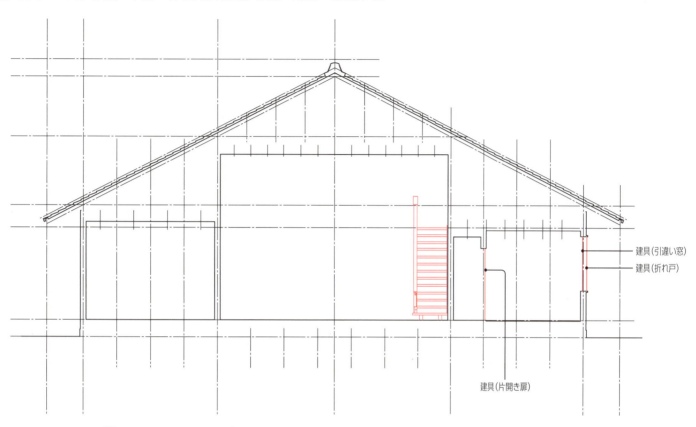

建具（引違い窓）
建具（折れ戸）
建具（片開き扉）

STEP4-①／見えがかりを描く

柱、建具、家具などを見えがかり線（実線・中線または細線）で描く。

障子の桟や目地などは細線で描くとよい

破風板

② 小屋裏

小屋裏、屋根の表現は一見複雑ですが、構成している部材を理解して、断面線と見えがかり線を区別して表現しましょう。STEP3はありません。

STEP2-②／断面線を描く

横架材（梁、桁）などの断面を断面線（実線・太線）で描く。

STEP4-②／見えがかりを描く

束、梁などの見えがかりを実線・中線で描く。

＊和小屋（Y1〜Y2、Y5〜Y6）と洋小屋（Y2〜Y5）の2種類の小屋組があり、断面図にその両方を表現している。

LESSON 3 | A-A'断面図を描く

LET'S STUDY / 小屋裏、屋根の構成部材・名称を理解しよう

前川國男自邸の屋根は「切妻屋根」と呼ばれ、勾配屋根が特徴です。
断面図には、この屋根を支える小屋組が表現されています。
ここでは、断面図の左側に表現されている和小屋[*1]を詳しく見てみましょう(図1)。

図面読み取りのポイント

1. 小屋組を構成する部材
図1の図面に描かれている部材を、図2の表現と照らし合わせて立体的に構成を把握しよう。

2. 小屋組の断面線、見えがかりの区別
断面線で表現する部材は、横架材[*2](棟木、母屋、軒桁)の断面。図1では切断面に×の表現が記されている。図2では、図の右側に伸びている横架材の断面。これら以外は見えがかりとして表現。

3. 屋根瓦の図面表現
図面では瓦が幾重にも重なっているように見えるが、図3の瓦の拡大図を見ると、1枚の瓦の切断面と見えがかり、野地板の切断面が描かれていることがわかる。

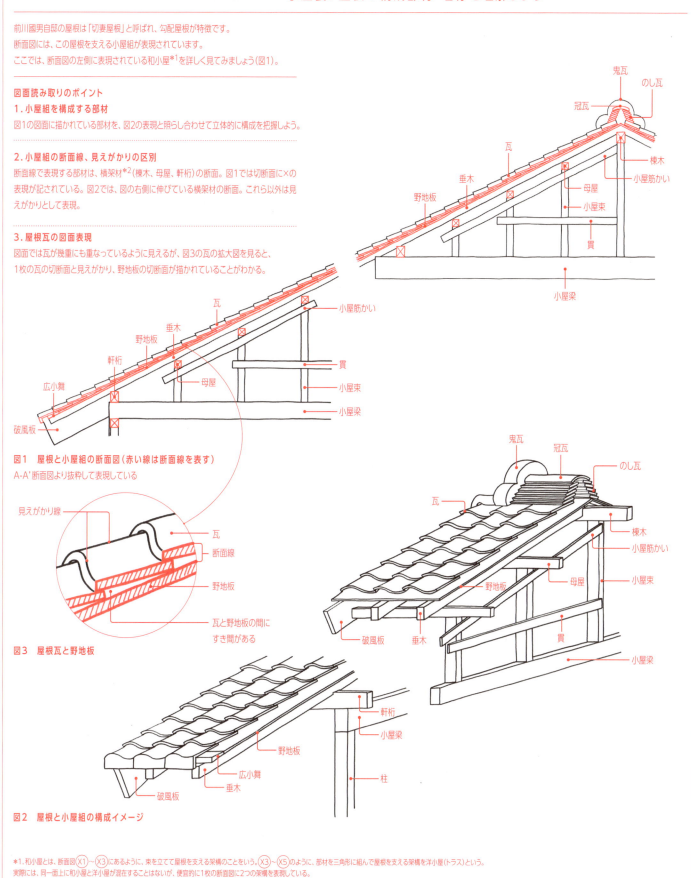

図1　屋根と小屋組の断面図（赤い線は断面線を表す）
A-A'断面図より抜粋して表現している

図3　屋根瓦と野地板

図2　屋根と小屋組の構成イメージ

[*1]. 和小屋とは、断面図X1〜X3にあるように、束を立てて屋根を支える架構のことをいう。X3〜X5のように、部材を三角形に組んで屋根を支える架構を洋小屋（トラス）という。実際には、同一面上に和小屋と洋小屋が混在することはないが、便宜的に1枚の断面図に2つの架構を表現している。
[*2]. 棟木、軒桁、母屋、梁などの部材は、細長い柱状の材を水平に横たえて用いている。このような部材を「横架材」という。

③ 基礎、床下

右ページの図を見て、木造建築の基礎〜床下の構造を知り、手本の図面を正確に読み取りましょう。STEP3はありません。

STEP2-③／断面線を描く

大引などの断面線を、実線・太線で描く。
鉄筋コンクリート造の基礎、土間コンクリート、捨てコンクリート、割栗石にハッチングの表現をすると、
断面構成が読み取りやすくなる（p.31、45参照）。

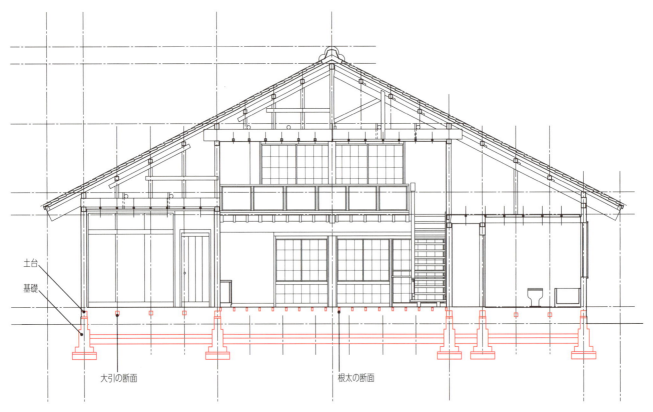

STEP4-③／見えがかりを描く

根太、大引、束、貫などを見えがかり線（実線・中線）で描く。

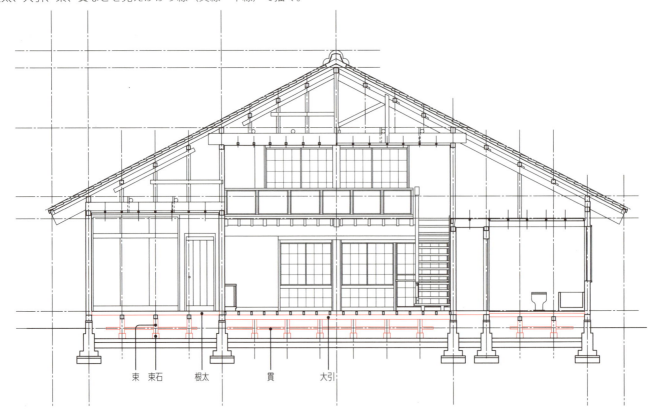

STEP5／室名、寸法線、通り芯記号、表示記号などを表記する

室名を、文字の大きさ、間隔をそろえて、ていねいに書く。
高さ方向の基準は、▼印とともに寸法線上に表記する。屋根勾配、図面タイトル、縮尺を表記する

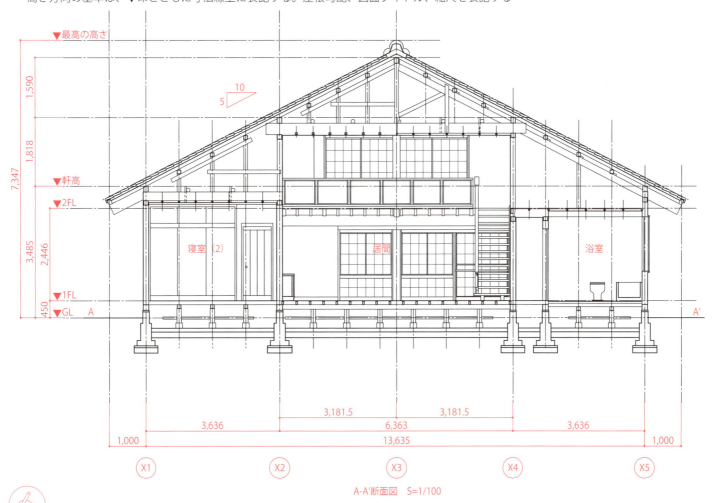

A-A'断面図　S=1/100

LET'S STUDY ／ 木造建築の床下の構造を理解して、構成部材の名称を覚えよう

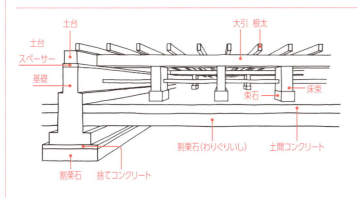

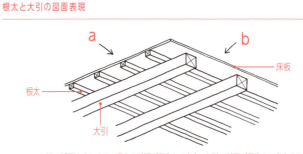

切る断面方向により、根太の断面が見えたり(a)、大引の断面が見えたり(b)する

断面図の表現

a

根太の断面が見える（断面線・太線）
奥に大引が見える（見えがかり線・中線）

b

奥に根太が見える（見えがかり線・中線）
大引の断面が見える（断面線・太線）

建物の床は、裏側に根太と大引を格子状に組んで支持します。
大引は、基礎の上の土台に固定され、また、束に支えられて、床にかかる荷重を受けています。
根太と大引は直交して配列されるため、断面図には一方が切断面、
もう一方が見えがかりとして表現されます。
これらのことを理解して、断面図の断面線と見えがかり線の区別を読み取って表現しましょう。

LESSON 4／南立面図を描く
4-1. 描き方のフロー

STEP0／レイアウトを決定する

STEP1／通り芯、基準線を描く

STEP2／地盤面を描く

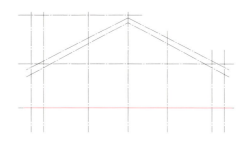

STEP3-1／建物の外形の下描き線を描く

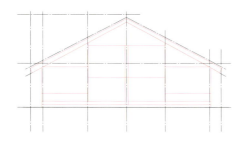

STEP3-2／建物の外形線を描く

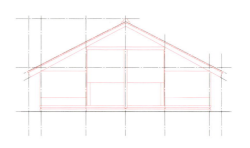

STEP4／建具など立面のデザインを描く

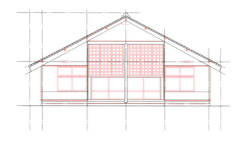

STEP5／仕上げを描く

STEP6／寸法線、通り芯記号、図面タイトルなどを表記する

立面図は、地盤面を実線・太線で描く以外は、すべて見えがかり線（実線・中線）です。目地や仕上げの表現は実線・細線でもよいでしょう。

LESSON 4／南立面図を描く

4-2.図面を描く

STEP1・2／通り芯、基準線を描く・断面線（地盤面）を描く

通り芯X1〜X5、高さの基準線、屋根の基準線を1点鎖線・細線で描く。
立面図の通り芯、基準線は作図のための補助線として描き、仕上がり図面に必ずしも残らなくてよい。
地盤面を断面線（実線・太線）で描く。

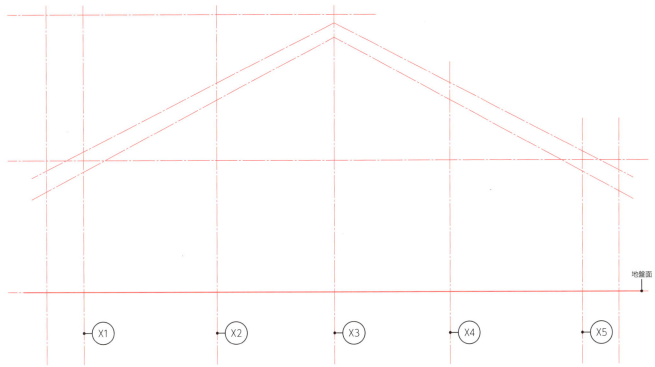

STEP3-1／建物の外形の下描き線を描く

建物の外形は、通り芯・基準線などとは一致しない部分があるため、別に下描き線を描くとよい。
建物の外形、屋根瓦の位置を下描き線で描く。
屋根瓦の表現は、断面図の解説（p.81）を参照。

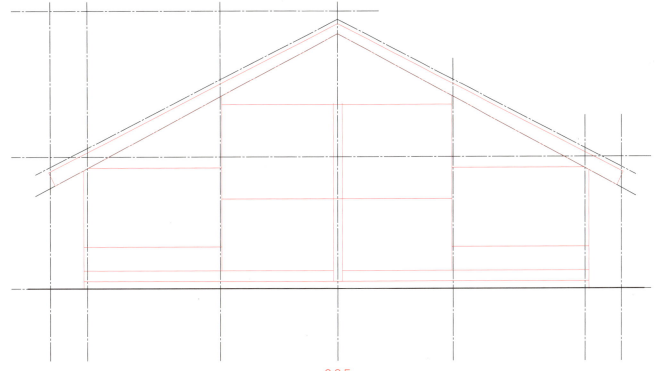

STEP3-2／建物の外形線を描く

下描き線を実線・中線でなぞって見えがかり線を清書する。

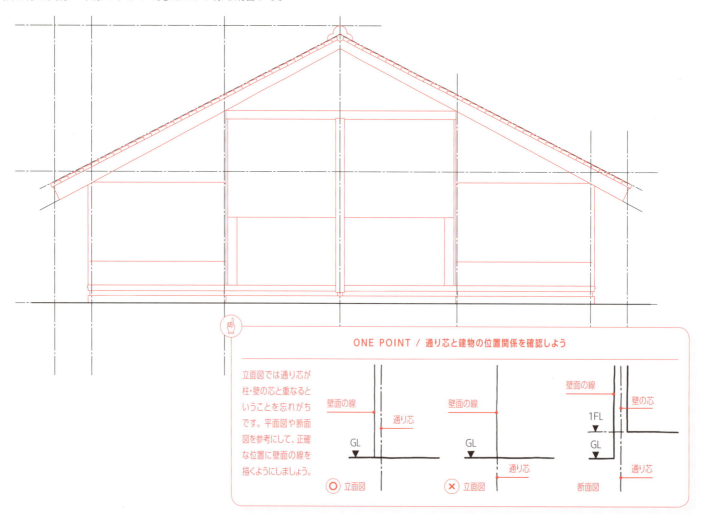

ONE POINT ／ 通り芯と建物の位置関係を確認しよう

立面図では通り芯が柱・壁の芯と重なるということを忘れがちです。平面図や断面図を参考にして、正確な位置に壁面の線を描くようにしましょう。

STEP4／建具など立面のデザインを描く

建具などを見えがかり線（実線・中線）で描く。

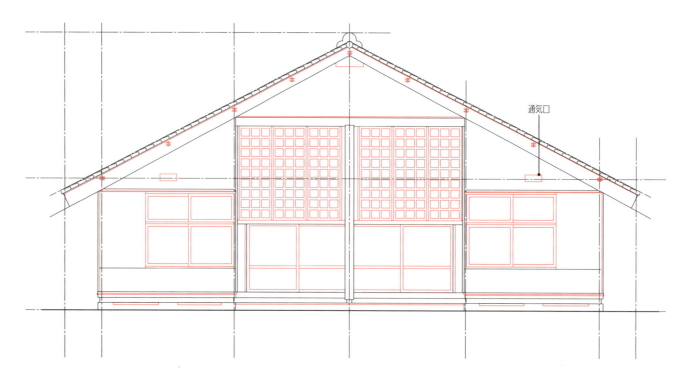

STEP5／仕上げを描く

板目などの細かい表現を実線・細線で描く。

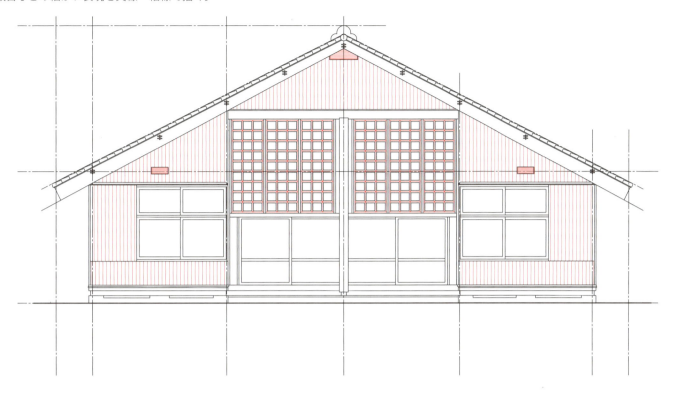

STEP6／寸法線、通り芯記号、図面タイトルなどを表記する

室内を表現しないので、寸法線にFLは描かなくてもよい。

*立面図には室名を表記しない。

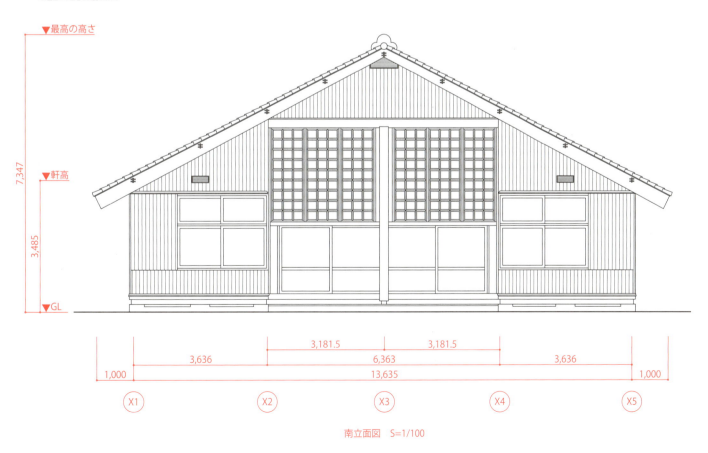

南立面図　S=1/100

CHAPTER 3

図面を描く2
スカイハウス

| PROLOGUE | スカイハウスについて

PROLOGUE／スカイハウスについて
唯一無二の戦後モダニズムの金字塔

　高度成長期のまっただなかの1960年に日本で生まれた「メタボリズム・グループ」は、その後の日本に限らず世界における建築界にとって、大きな影響を与え一大ムーブメントを起こしたといえるでしょう。そのなかでも、「代謝建築論」を唱えた菊竹清訓は最重要人物であったといえます。

　菊竹清訓の自邸「スカイハウス」は、メタボリズム・グループが活動を開始する直前の1958年の作品です。「スカイハウス」の最大の功績は、戦後民主主義が確立していく過程で、それまでの「家＝国家」という価値観を、人びとの基本単位としての「家族（夫婦）」を第一に中心に置くという新しい概念を切り拓いたところにあり、記念碑的な作品といえます。

　この明快なパラダイムの転換は平面計画において如実にあらわれています。モダニズムの定型であるセンターコアに対して、家族の生活の場としてのヴォイド空間を中央に配しており、設備を含めたその生活をサービスする空間は、周囲で支えるためのものである、という考え方がダイレクトにプランニングされています。

　また、建築の構成の大きな特徴はその一辺約10mの正方形プランと、その上にHPシェルの屋根をもつ箱形の空間が、4本のピロティ壁柱で高さ5mまで持ち上げられ、あたかも空高くそびえている家のようになっており、人工土地の創生と可変性の実現というコンセプトを、明快かつ骨太に提示した実験住宅といえます。

　住宅生産の工業化、設備性能の更新、空間自体の取り換えなどを促進させることの必要性が考えられ、「ムーブネット」と菊竹が名づけたボックスユニットや、設備まわりの増築、更新などを経ることにより、50年以上にわたり、「スカイハウス」は住まい手とともに変化し続けています。

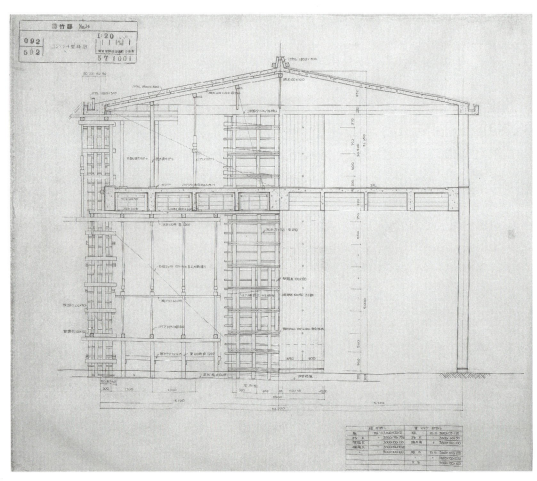

スカイハウス
1958年
東京都文京区
——
Skyhouse
1958
Bunkyo Tokyo

菊竹清訓　きくたけ・きよのり
1928年-2011年。福岡県生まれ。50年、早稲田大学理工学部建築学科卒業。53年菊竹清訓建築設計事務所を設立。1950年代から建築と都市の新陳代謝、循環更新システムによる建築の創造を図ろうとする「更新建築」を提唱する。代表作に福岡市庁舎、江戸東京博物館、島根県立美術館、九州国立博物館など。日本建築学会賞、オーギュスト・ペレー賞、旭日中綬章など受賞

菊竹はスカイハウスで自邸という場を実験台として、人工土地と可変性のプログラムを試行したといえる。急斜面の敷地に耐震性の確保されたピロティの壁柱によって、床を高さ5m（おおよそ普通の住宅の2層分以上）まで安全にもちあげ、そこに（竣工当初は）ワンフロアの住居をつくりあげた

平面の構成は、正方形の居室としてのヴォイド空間を中央に置き、その周囲を回廊が取り囲む非常にミニマルな構成。中2階レベルの玄関から階段で2階に上ると、この回廊につながり家にアプローチする。張り出す庇と、床スラブにより外部の空中の風景がパノラマ状に切り取られる様子はまさにスカイハウスが表現されているといえる

HPシェルの屋根形状がそのまま天井をかたちづくる構成となっている。天井高さは平面の広がりと比べると非常に低くヒューマンスケールにおさえられており、まさに天井が場を与える空間をこの屋根の下につくりあげ、生活を営む場が生まれているといえる

スカイハウス
図面

CHAPTER 3 | 図面を描く2 スカイハウス

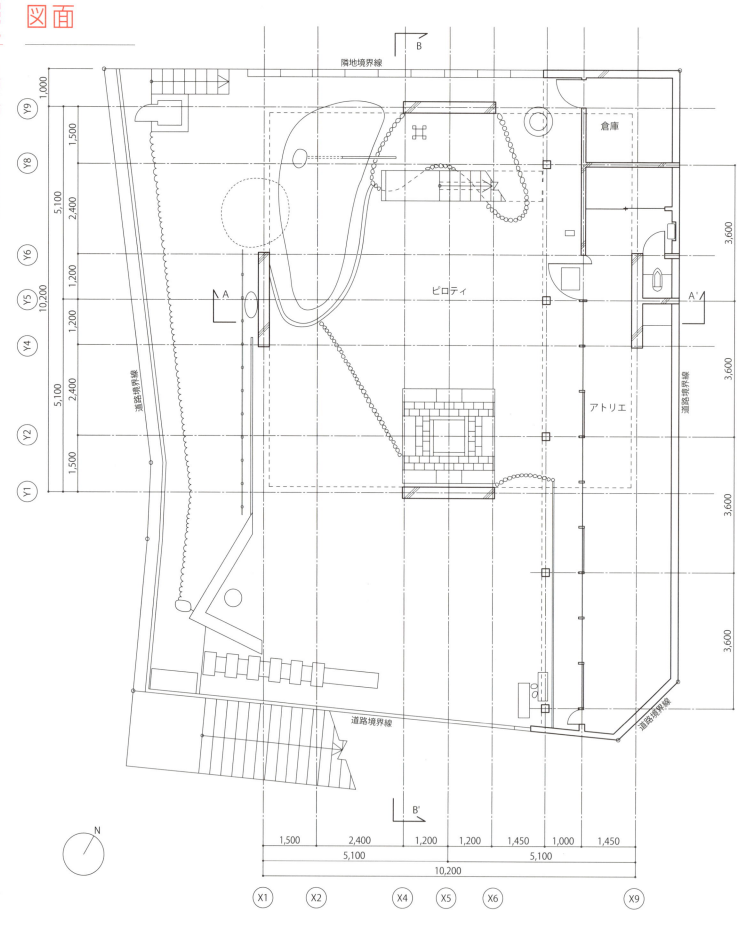

1階平面図　S=1/100

*完成見本の図面(S=1/100)。設計製図の演習などにおいては、必要な縮尺に適宜拡大するなどして使用すること。

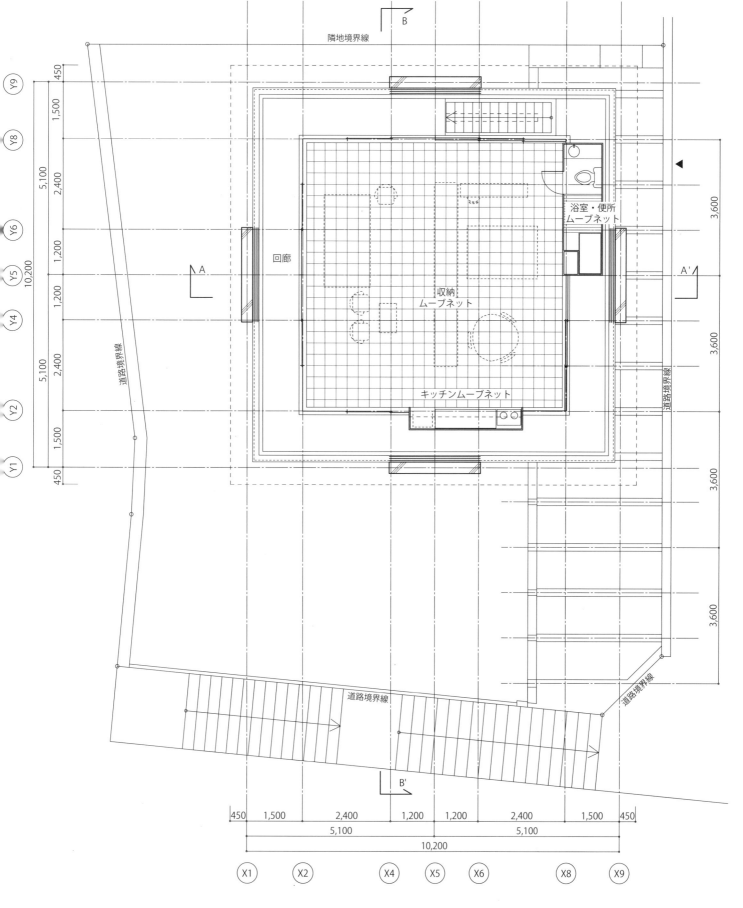

2階平面図　S=1/100

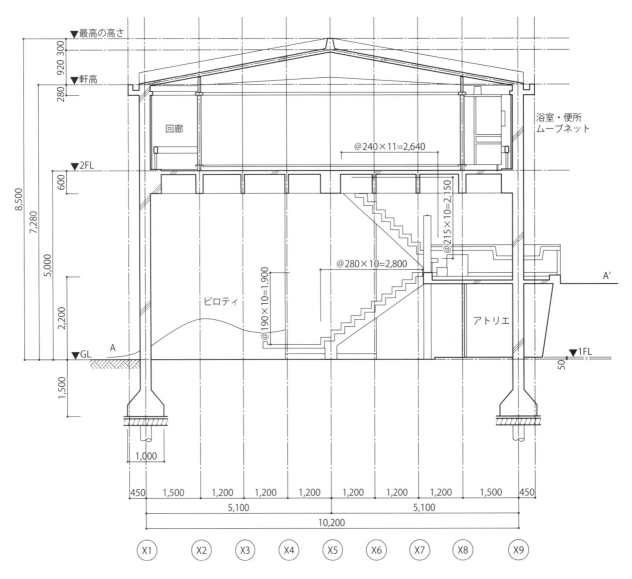

A-A'断面図　S=1/100

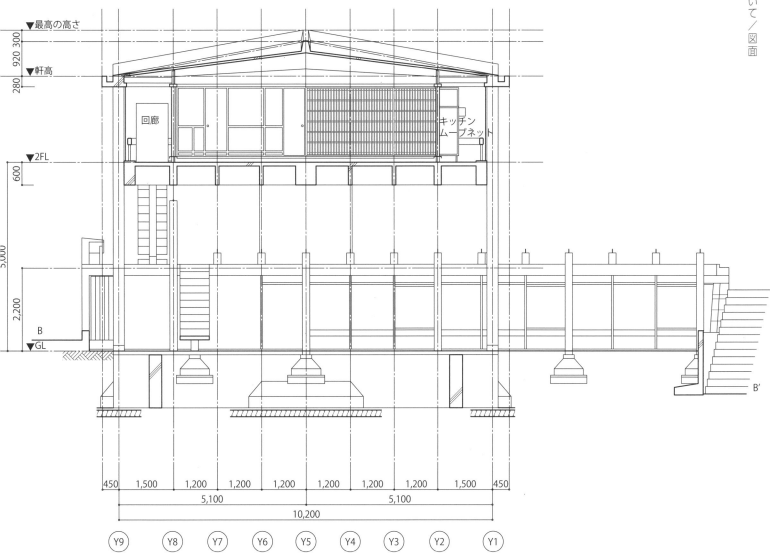

B-B'断面図　S=1/100

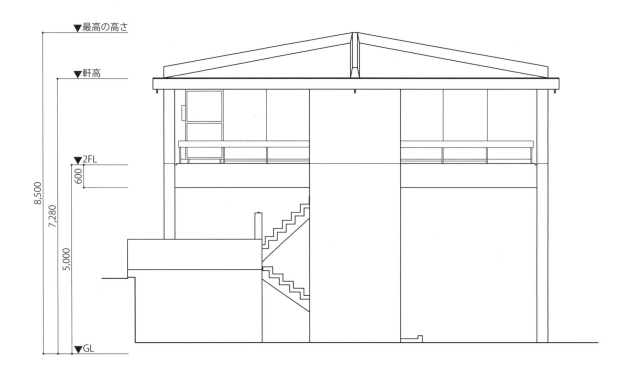

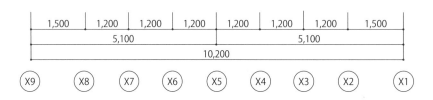

北立面図　S=1/100

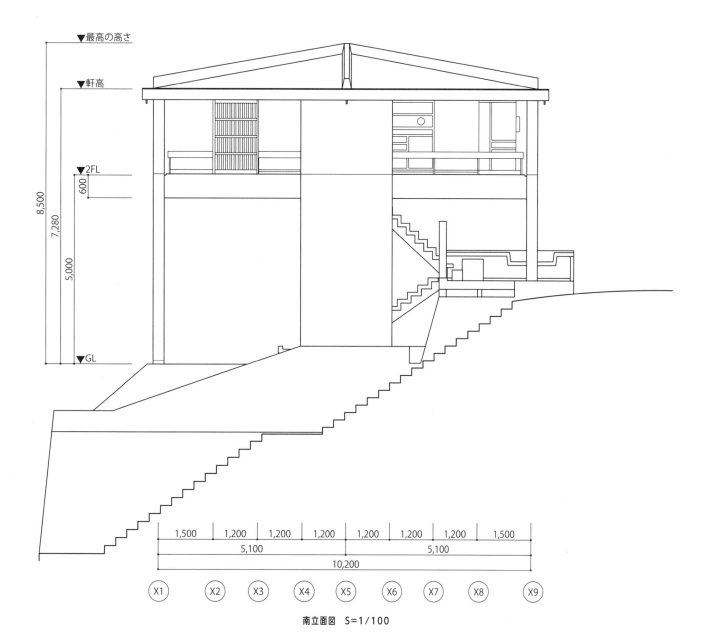

南立面図　S=1/100

LESSON 1／平面図を描く
1-1. 描き方のフロー

このページでは2階平面図の描き順を示しますが、実際には1，2階平面図の両方を描いて上下階のつながりを考えるとよいでしょう。

STEP0／レイアウトを決定する
STEP1／敷地境界線と建物の基準線を描く

建物の位置を定め敷地境界線を描く。通り芯、壁などの基準線を描く。

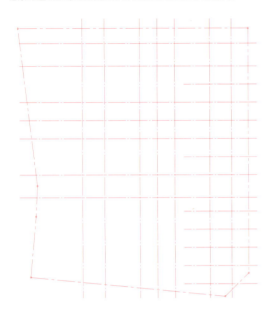

STEP2／壁（柱）を描く

4本の壁柱、キッチンムーブネット、浴室・便所ムーブネットの壁を描く。

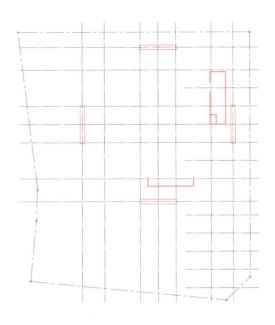

STEP5／かくれ線を描く

庇の出、階段の桁などを描く。

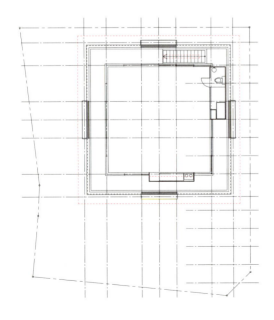

STEP6／床の仕上げ、家具などを描く

床タイルの目地、設置する家具の位置を描く。

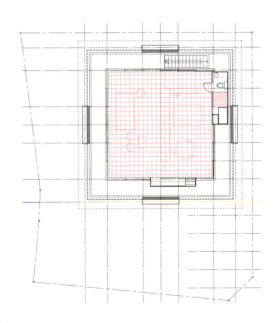

STEP3／建具、階段を描く

道路階から2階への直進階段を描く。回廊を囲む建具を描く。

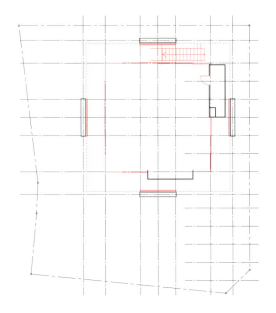

STEP4／見えがかりを描く

建具枠、キッチン、浴室・便所の設備などを描く。

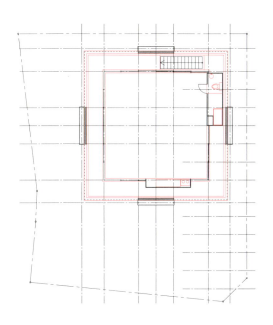

STEP7／外構を描く

道路階の通路、敷地に隣接する階段を描く。

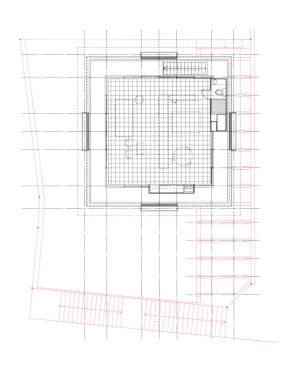

STEP8／室名、寸法線、通り芯記号、表示記号などを表記する
STEP9／図面タイトル、縮尺、オリエンテーションを表記する

室名、寸法線、通り芯記号、アプローチ、切断位置を記入する。

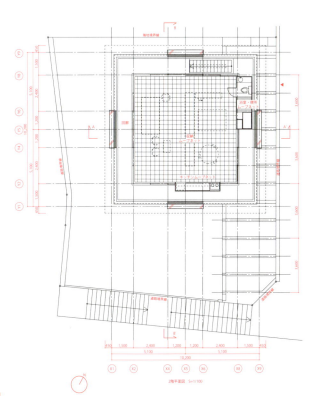

LESSON 1／平面図を描く
1-2. 図面を描く

STEP1／敷地境界線と建物の基準線を描く

1. 敷地境界線を、1点鎖線・細線と白抜き丸（○）で描く。
2. 建物の基準線（通り芯と、柱と壁の基準線）を、1点鎖線・細線で描く。

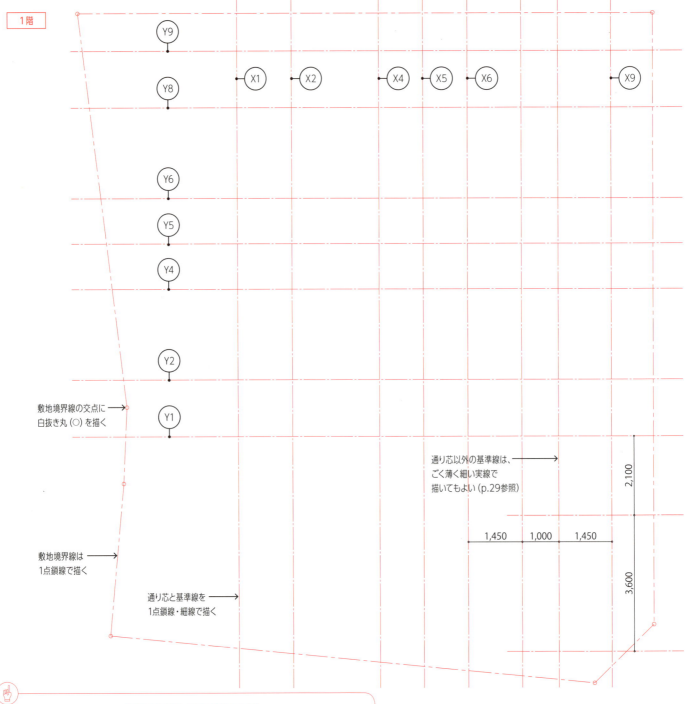

敷地境界線の交点に白抜き丸（○）を描く

通り芯以外の基準線は、ごく薄く細い実線で描いてもよい（p.29参照）

敷地境界線は1点鎖線で描く

通り芯と基準線を1点鎖線・細線で描く

ONE POINT／図面の描きはじめ

描きはじめは、決定したレイアウトの通りに図面の一部（通り芯がわかりやすい）の点・線を用紙上に描いて、製図の始点にします。この始点を起点に各線の長さや角度を測って描き進めます。

用紙に始点を定める、2階平面図の基準線を記す

＊見開きの左ページに1階平面図、右ページに2階平面図を並べている。

| LESSON 1 | 平面図を描く

2階

X1 X2 X4 X5 X6 X8 X9

Y9 Y8 Y6 Y5 Y4 Y2 Y1

2,500
1,200
1,200

1,200
1,200

900
1,200
1,200
1,200

ONE POINT / 斜線の製図

敷地境界線は多くの斜線で描かれています。これらの斜線を製図道具を用いて描きましょう。

敷地境界線の
この斜線を
描いてみよう

勾配定規を用いて作図する方法

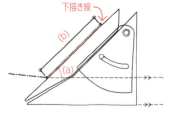

勾配定規を用いて角度(a)を測り、斜線を薄く下描きする。
三角スケールで測った長さ(b)の通りに斜線を描く

三角定規を用いて作図する方法

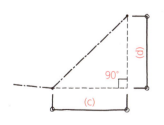

斜線を長辺とする直角三角形を想定し、
直角を挟む2辺の長さ(c)と(d)を測って描く

STEP2／壁（柱）を描く

壁柱（300×2,500）と柱（□-205×205）を断面線（実線・太線）で描く。
その他の壁を断面線（実線・太線）で描く。

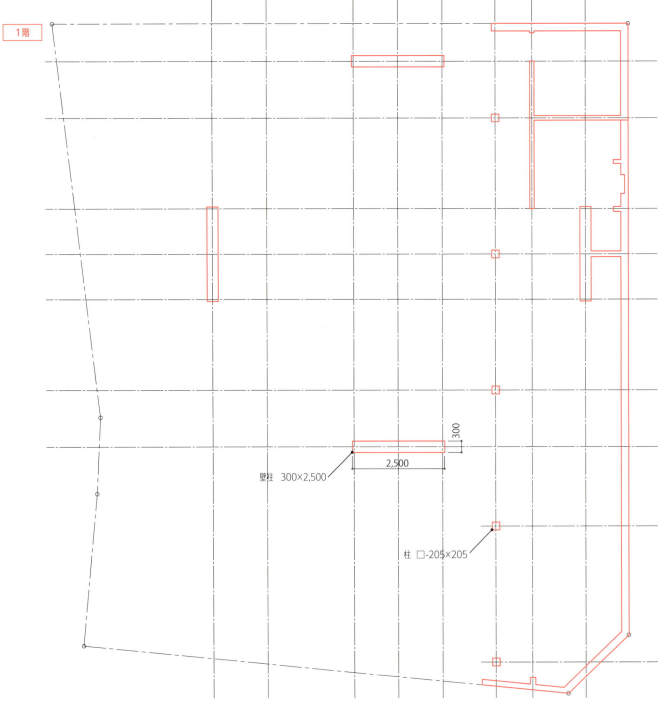

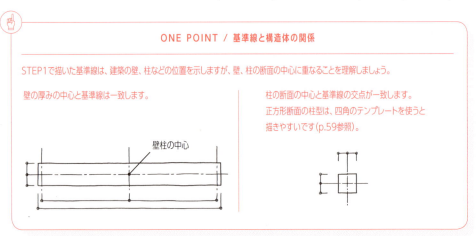

ONE POINT ／ 基準線と構造体の関係

STEP1で描いた基準線は、建築の壁、柱などの位置を示しますが、壁、柱の断面の中心に重なることを理解しましょう。

壁の厚みの中心と基準線は一致します。

柱の断面の中心と基準線の交点が一致します。
正方形断面の柱型は、四角のテンプレートを使うと描きやすいです（p.59参照）。

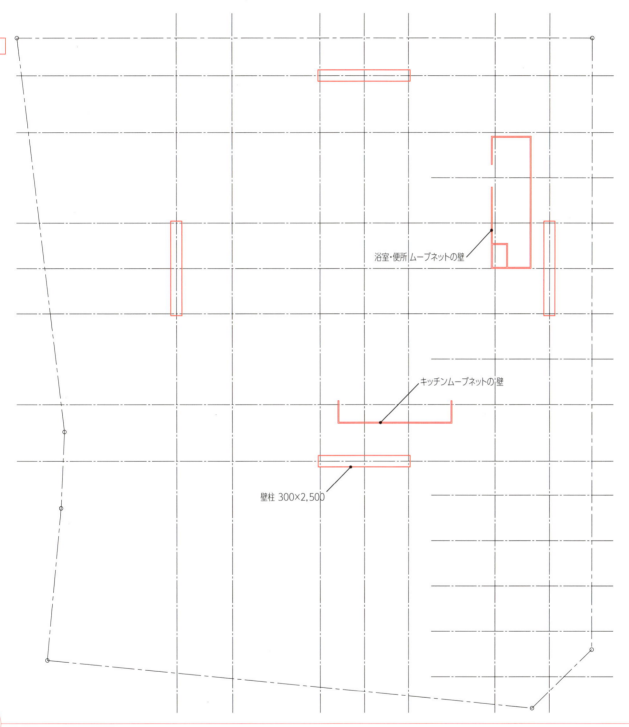

2階

浴室・便所 ムーブネットの壁

キッチンムーブネットの壁

壁柱 300×2,500

ONE POINT / 壁断面の描き方

断面線は、描く位置を下描きしてから清書しましょう。壁、柱の寸法、開口の位置などを、あらかじめ確認しておくことで、正確に表すことができます。

1. 壁柱を描く手順

1. 断面線の位置を測る

2. 断面線を下描きする

3. 断面線を清書する

2. RC造の壁断面の表現方法

RC造の断面に、ハッチングの表現をすると、RCの構造体が際立って読み取りやすい図面になる

STEP3／建具、階段を描く

1. 建具は実線・太線で描き、建具の可動範囲は線種を変えて点線・中線で表現する。
2. 階段の位置を示す基準線を1点鎖線またはごく薄く細い実線で描く。
   階段は次ページ下の作図方法によって見えがかり線（実線・中線）で描く。

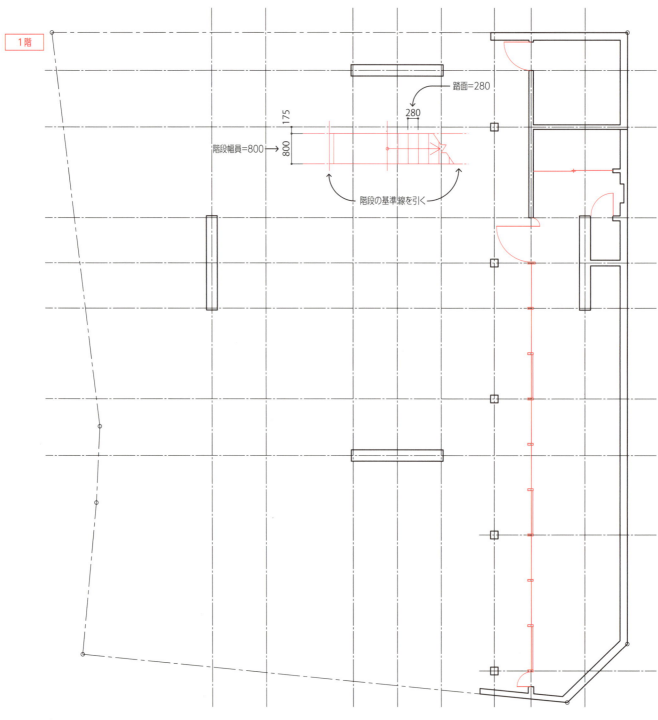

ONE POINT ／ スカイハウスの階段

スカイハウスは1FL～2FL間が5,000と、住宅建築としては高く設定されているため、1～2階に中間階（道路階）を設けて折り返し階段としています。p.117の道路階平面図を参照してください。

ONE POINT / 階段の作図 等間隔の線を描く方法

階段の段は、細かく等間隔に続きます。正確に表現するための描き方を理解しましょう。

1. 上りはじめと終わりの線を引き、三角スケールの目盛りを段数分（12）になるように合わせ、等間隔に小さく印をつける
2,880＝240×12
階段の長さ

2. 等間隔の印がついたところ（印は小さく薄く記すとよい）

3. 階段の幅員（800）を下描きする

4. 等間隔の印のとおりに階段の線を描く
三角定規
平行定規

5. 中央に矢印、上りはじめに丸を描く

LET'S STUDY / スカイハウスの建具を見てみよう

スカイハウスの建具は非常に特徴的です。特に2階の全面の引き戸(雨戸)の姿は圧巻です。
下の図面と、右ページの2階平面図を比べてみてください。回廊外側の建具(雨戸)の表現が違っていることがわかるでしょうか。
本ページの図面は建具が閉まっている状態、右ページの図面は建具が開いている状態を描いています。
壁柱の幅(2,500)の約半分の幅の雨戸が2枚ずつ3列、合計6枚がワンセットになって、壁柱に沿って納まるように計画されているため、回廊全体が開放されます。

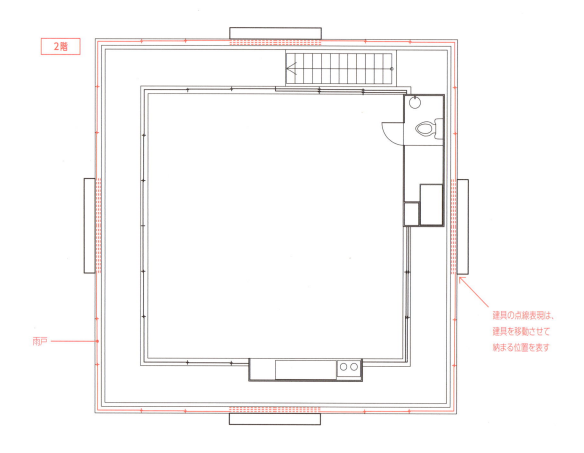

2階

雨戸

建具の点線表現は、建具を移動させて納まる位置を表す

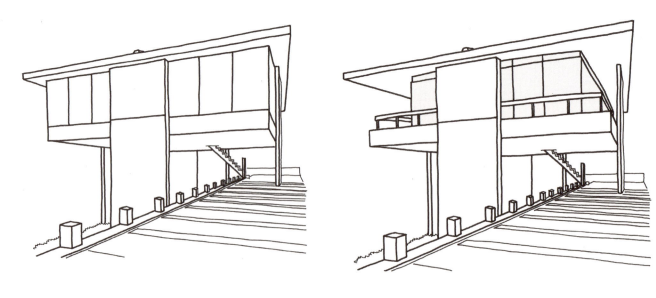

雨戸を閉じた状態　　　　　　雨戸を壁柱に沿って納め、回廊を開放した状態

STEP4／見えがかりを描く

建具枠、手すり、キッチン、浴室・便所を見えがかり線（実線・中線）で描く。

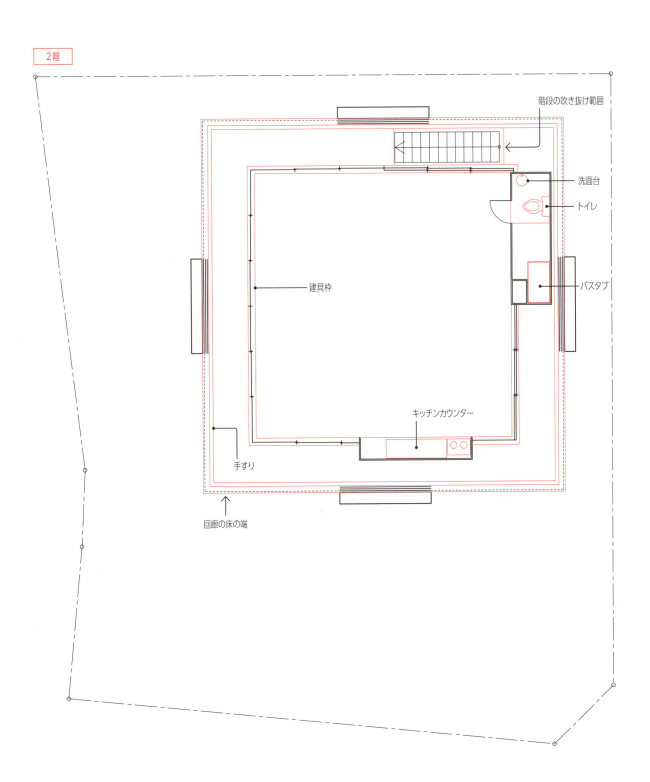

＊このページ以降、STEP1で描いた図面中の基準線を示していない。
これは作図の説明をわかりやすくするためなので、実際には消さず、残したまま作業を進めてよい。

STEP5／かくれ線を描く

軒先ライン、梁のライン、階段の桁などを破線・中線で描く。

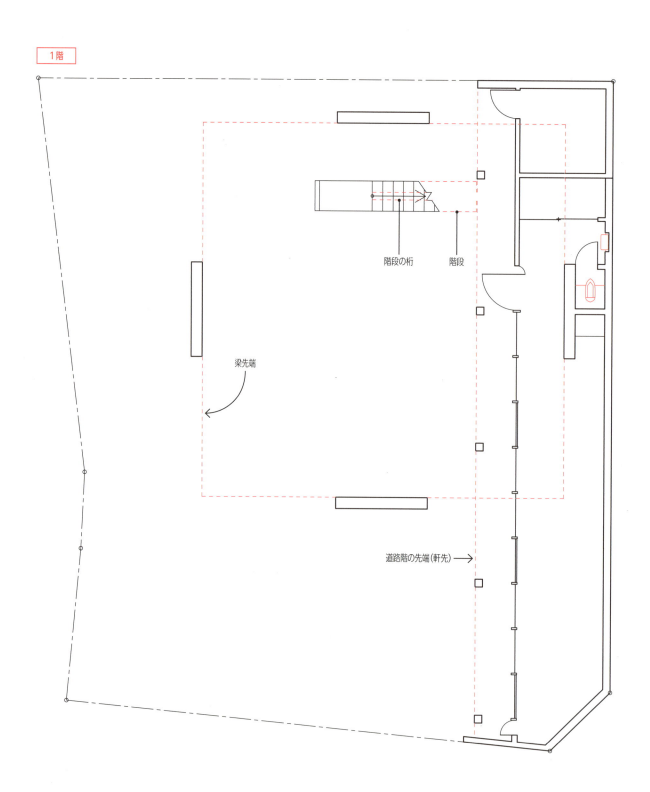

＊STEP 4の見えがかり（実線）とSTEP5のかくれ線（破線）の表現を赤線で示している。

| LESSON 1 | 平面図を描く

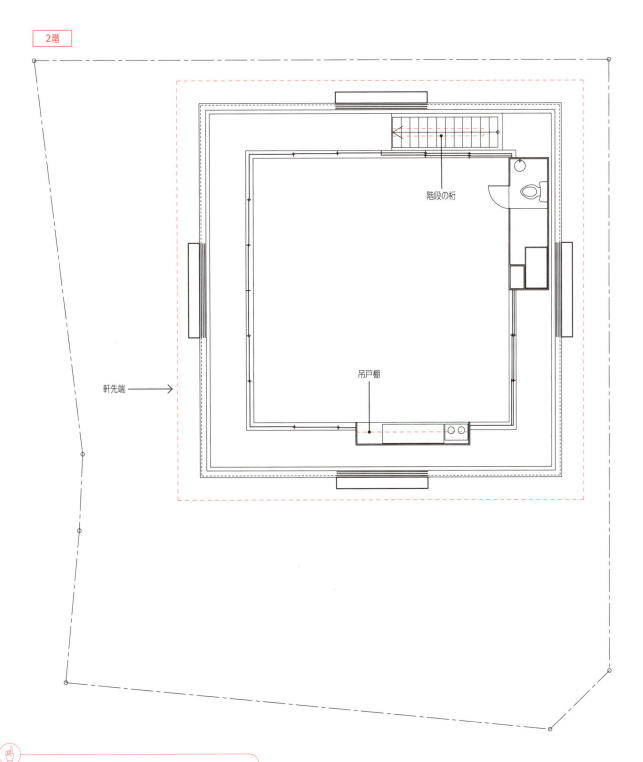

2階

軒先端

階段の桁

吊戸棚

ONE POINT / かくれ線で表すもの

平面図では、床レベル（FL）+1,000〜1,500の高さで建物を水平に切断して、下に見えるものを実線で描き、「見えがかり」といいます。「かくれ線」は、建築や部材の見えない部分を表現します。たとえば、切断レベルよりも上にあるもの（軒先、吊り戸棚などの家具）や床より下にあるもの（階段の桁）を表現します。かくれ線は、断面図、立面図でも同様に用いる表現です。

LET'S STUDY / ムーブネット

建築の取り付けパーツのようにつくられた、スカイハウスのキッチンと浴室・便所は「ムーブネット」と名づけられ、建築の構造体から切り離して自由に移動や更新ができる、という考えを実現しています。竣工当時のムーブネットはキッチンと浴室・便所だけでしたが、その後子供室が2階床下に増築されるなど、さまざまなバリエーションで展開されていきました。菊竹清訓が参画していたメタボリズム・グループの考え方の代表的な実践例です。

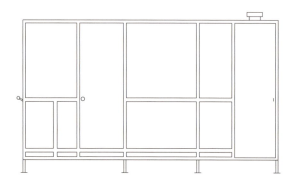

浴室・便所ムーブネット展開図　S=1/50

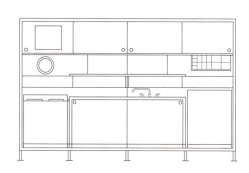

キッチンムーブネット展開図　S=1/50

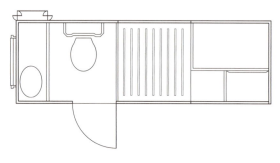

浴室・便所ムーブネット平面図　S=1/50

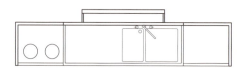

キッチンムーブネット平面図　S=1/50

キッチンムーブネット

STEP6／床の仕上げ、家具などを描く

1. 床のタイル目地を実線・細線で描く。
2. 家具を設置する位置に、外形を点線・中線で描く。

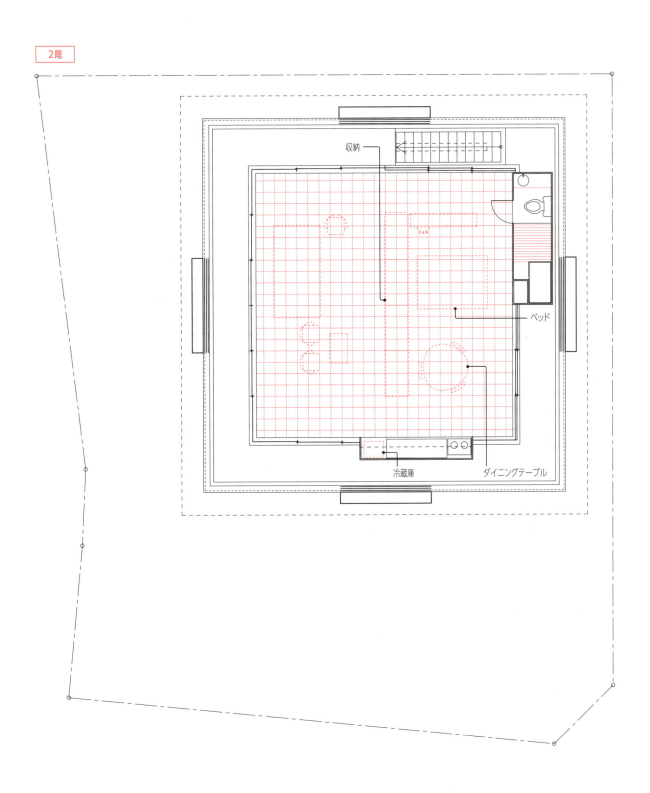

> **ONE POINT ／ 家具の表現**
>
> 家具の表現は、用いる線種によって意味するところが異なります。
> - 実線表記は、建築と一体的につくるもの（造り付けの家具など）を表す。
> - 点線表記は、建築から切り離して置かれるもの（後から持ち込まれる既製品家具など）を表す。

STEP7／外構を描く

外構を、実線・中線で描く。

| CHAPTER 3 | 図面を描く2 スカイハウス

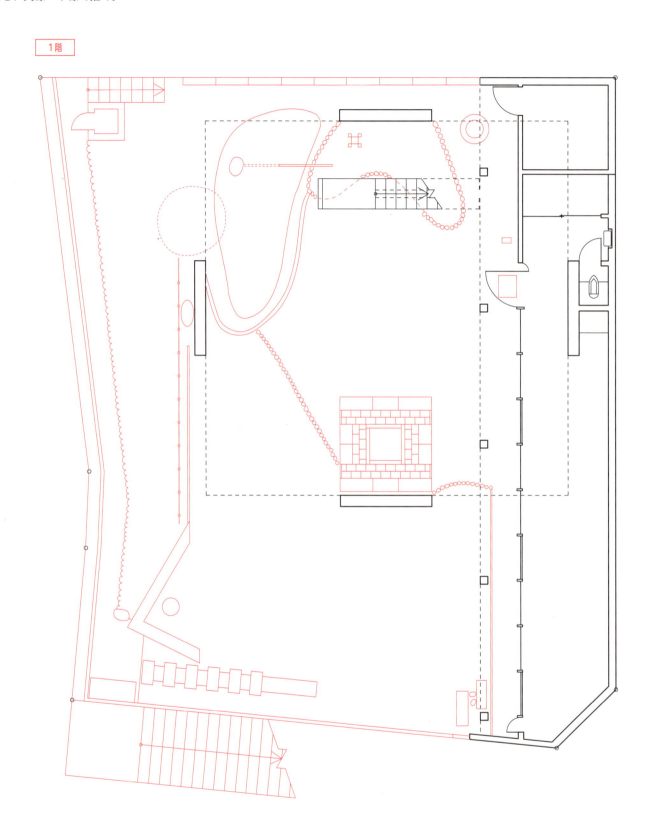

1階

ONE POINT ／ 敷地境界線の外も表現しよう

スカイハウスの敷地は、東西方向に地盤面の高低差があります。敷地の南側の階段を描くことで、その高低差を平面図上に示すことができます。

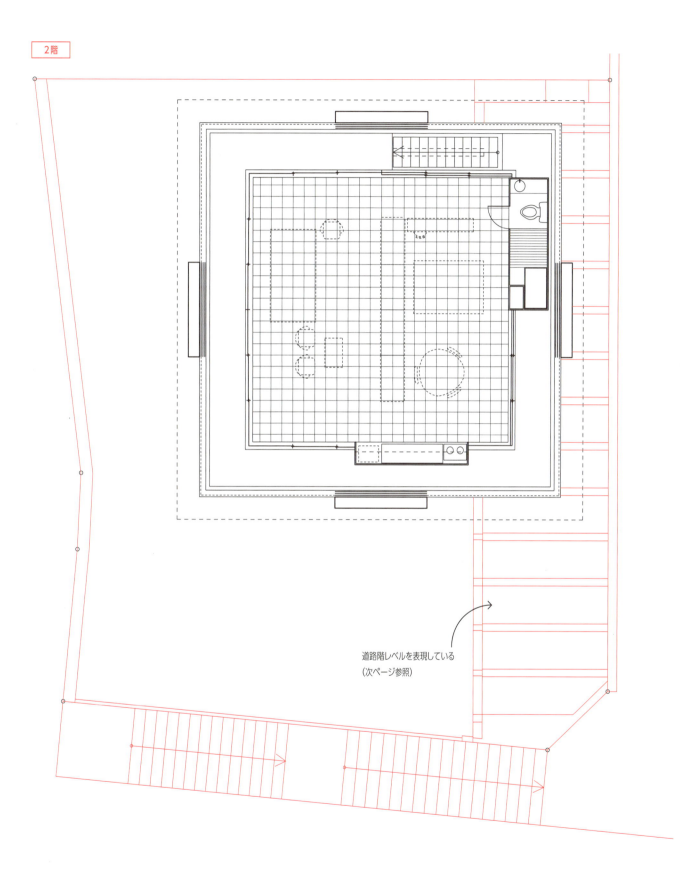

道路階レベルを表現している
（次ページ参照）

LET'S STUDY

スカイハウスは、1階から2階の階高（右下図参照）が5,000とほぼ一般的な住宅の2階建て相当の高さがあるため、
1階平面図と2階平面図だけでは構成をとらえることが難しい建築です。
右ページに1階と2階の中間のレベルである、道路階の平面図を紹介します。
スカイハウスの全体を把握する参考にしてください。

1階から道路階を経て2階へ通じる階段

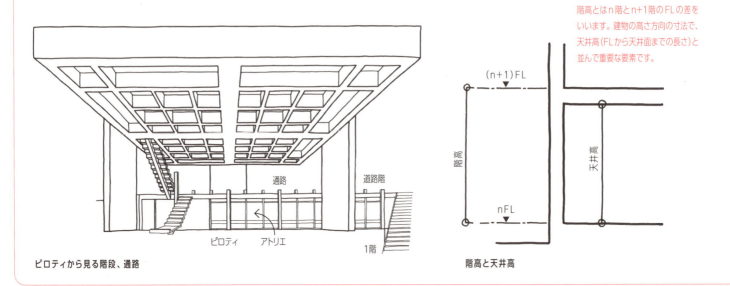

ピロティから見る階段、通路

階高とはn階とn+1階のFLの差を
いいます。建物の高さ方向の寸法で、
天井高（FLから天井面までの長さ）と
並んで重要な要素です。

階高と天井高

傾斜地に建つスカイハウスの建物と敷地の関係を理解しよう

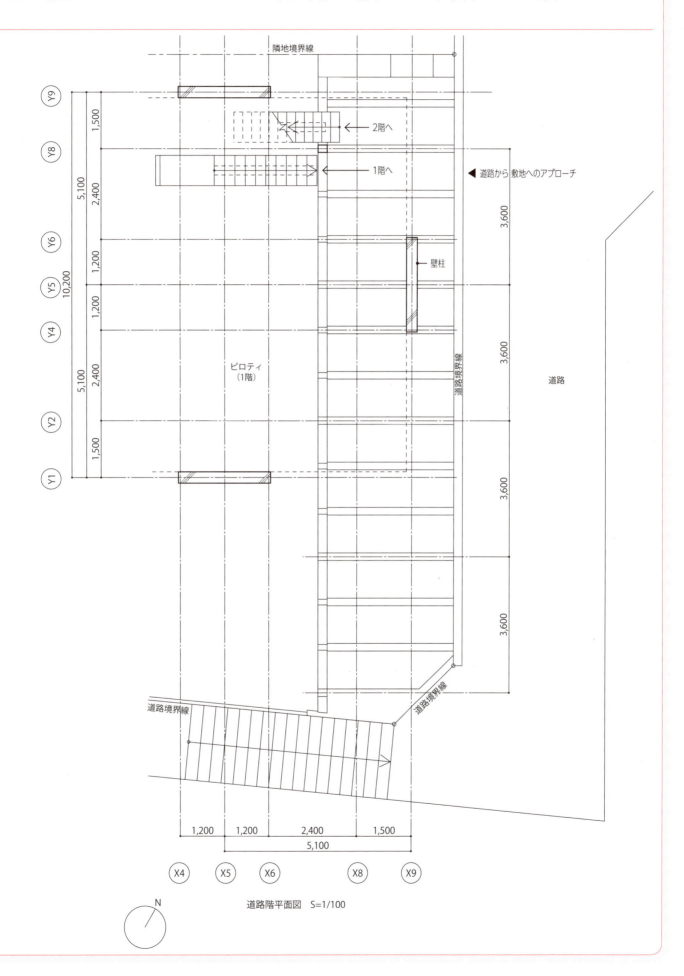

道路階平面図　S=1/100

STEP8／室名、寸法線、通り芯記号、表示記号などを表記する
STEP9／図面タイトル、縮尺、オリエンテーションを表記する

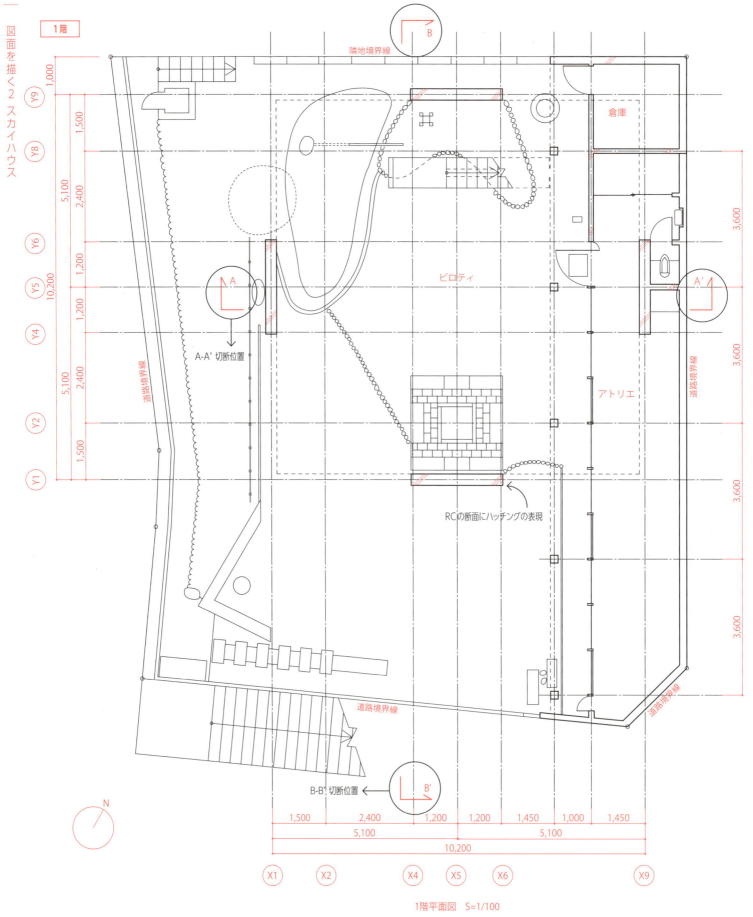

1階平面図　S=1/100

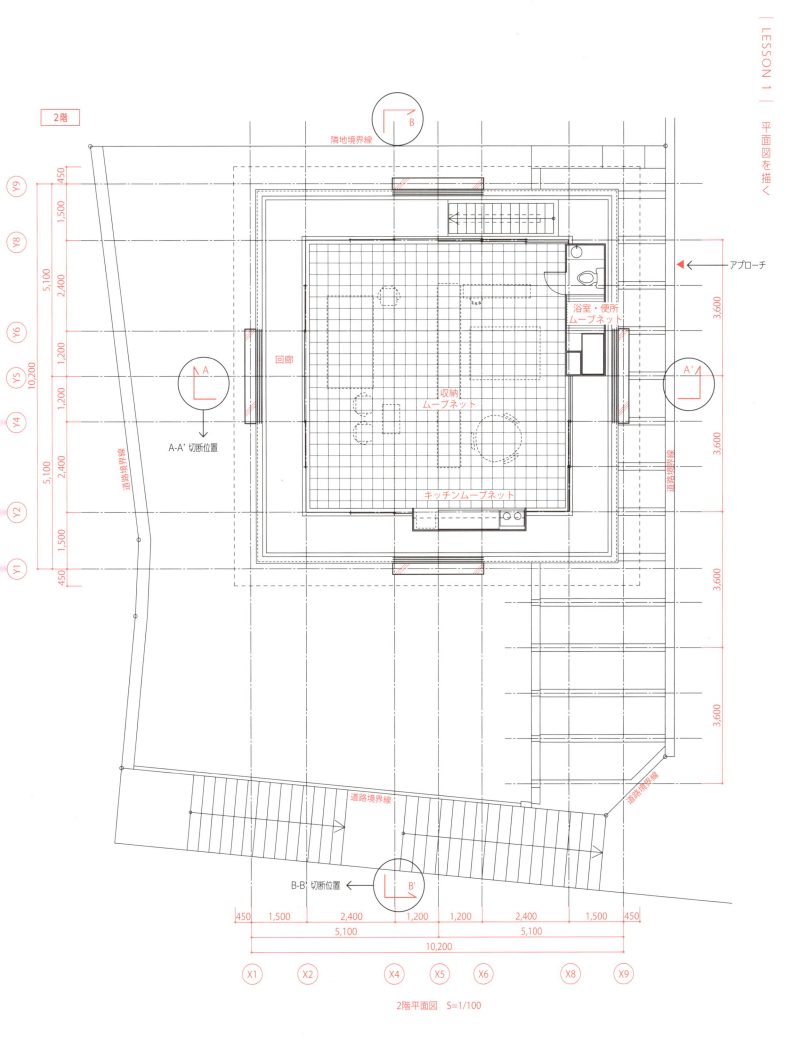

LESSON 2／A-A'断面図を描く
2-1.描き方のフロー

STEP0／レイアウトを決定する
STEP1／通り芯、基準線を描く
通り芯、高さの基準線、屋根などの基準を描く。

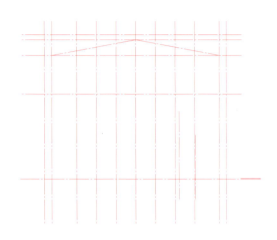

STEP2／断面線を描く
GL、壁、床、屋根などを描く。

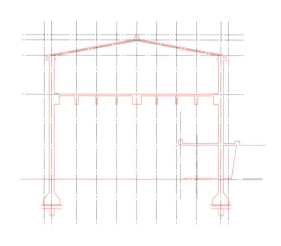

STEP3／建具、階段を描く

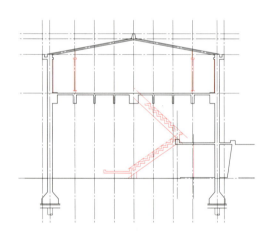

STEP4／見えがかりを描く
建具、手すり、ムーブネットなどを描く。

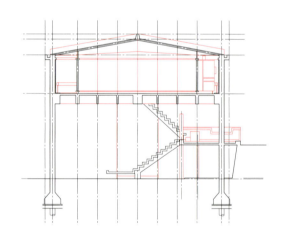

STEP5／室名、寸法線、通り芯記号、表示記号などを表記する

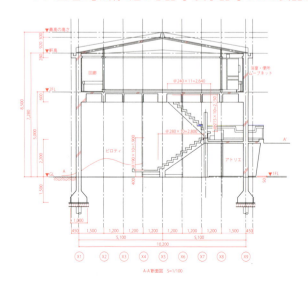

LESSON 2／A-A'断面図を描く
2-2.図面を描く

STEP1／通り芯、基準線を描く

高さ方向の基準線
（GL、FL、軒高、最高の高さ）
を1点鎖線・細線で描く。
通り芯、その他の基準線を
1点鎖線・細線で描く。

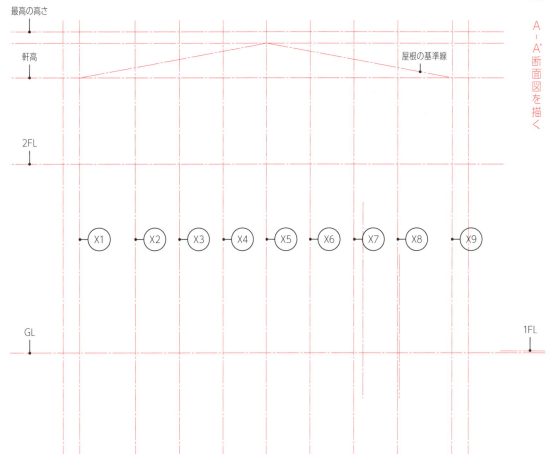

STEP2／GL、断面線を描く

GLと、壁、床、天井、屋根のうち、
断面線（実線・太線）で
表現する線を描く。

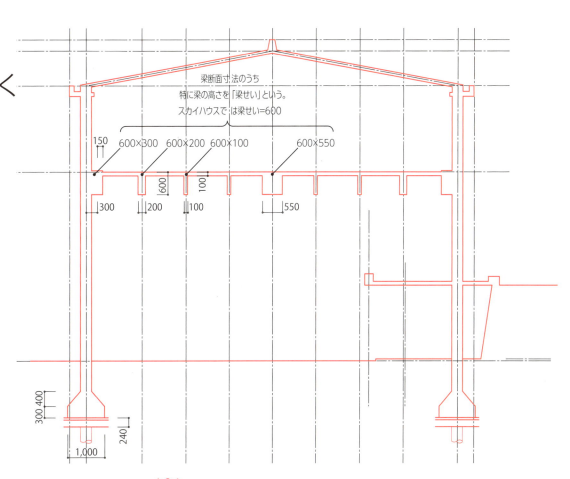

STEP3／
建具、階段を描く

1. 回廊外周の雨戸と、回廊と室内を隔てる
   建具（ガラス戸・障子）を
   断面線（実線・太線）で描く。
   p.129 の建具詳細図を参照のこと。
2. 階段の基準線を、階段の段鼻の位置と
   桁の下端に1点鎖線・細線で描く。
   蹴上げ、蹴込みの正確な寸法を測って、
   階段を見えがかり線（実線・中線）で描く。

＊A-A'断面図の切断位置を平面図で
確認すると、階段よりも手前であるので、
A-A'断面図の階段は見えがかりを描く。

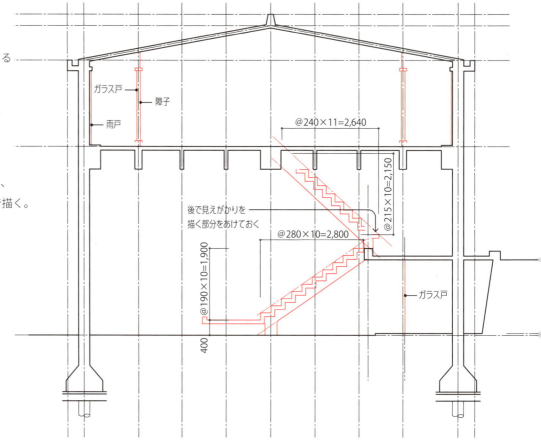

STEP4／
見えがかりを描く

屋根、壁柱、梁、建具、手すり、
ムーブネットなどを
見えがかり線（実線・中線）で描く。

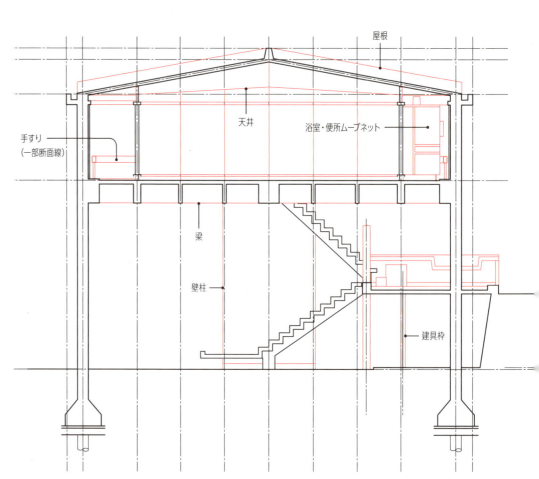

STEP5／室名、寸法線、通り芯記号、表示記号などを表記する

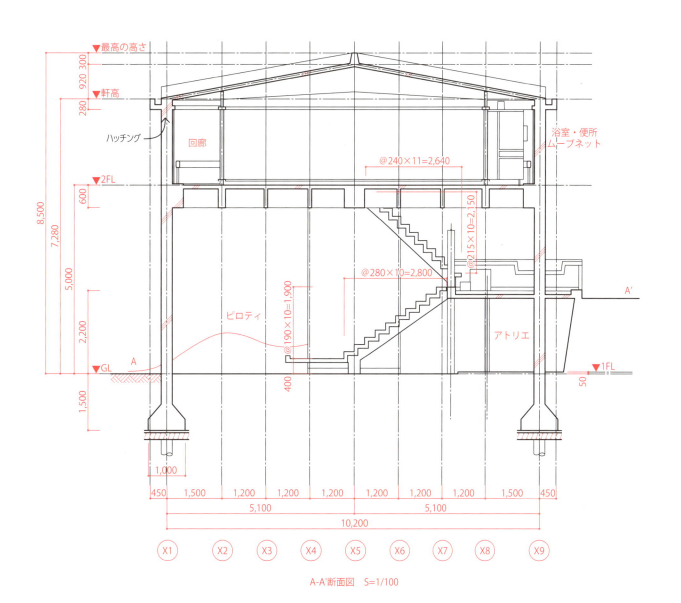

A-A'断面図　S=1/100

ONE POINT / スカイハウスの階段寸法

スカイハウスの階段寸法の表記を理解しよう

階段には、階段の長さと踏面を、寸法線を用いて表記します。一般的には階段の長さ＝踏面×(段数－1)として計算することを覚えましょう。
スカイハウスでは、階段のデザインに従って、長さ＝踏面×段数となっています。

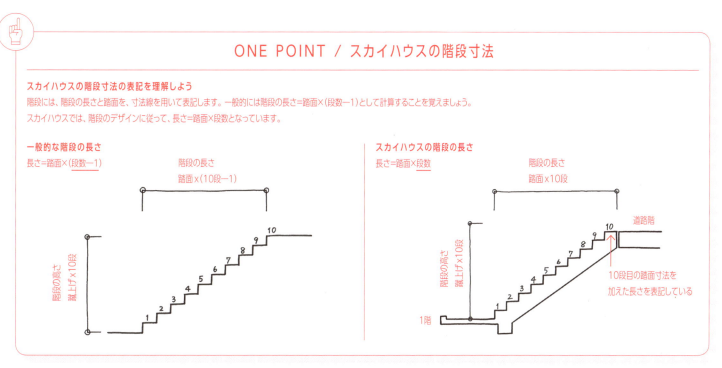

LESSON 3／南立面図を描く
3-1. 描き方のフロー

STEP0／レイアウトを決定する

STEP1／通り芯、基準線、地盤面を描く

通り芯、高さや屋根の基準線、地盤面を描く。

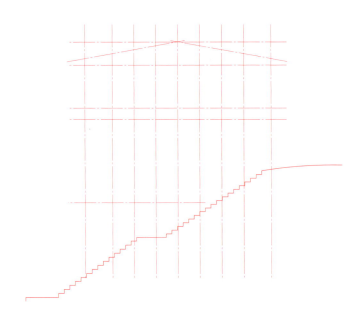

STEP2／主な構造体を描く

屋根、壁、階段など建物の外形を描く。

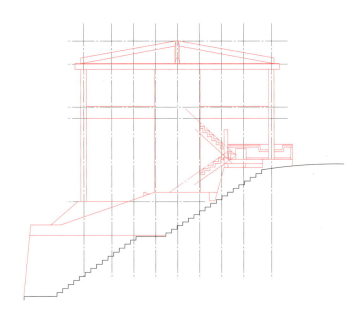

STEP3／建具などを描く

建具、手すりなど細部を描く。

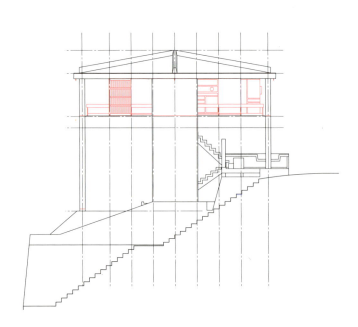

STEP4／寸法線、通り芯記号、図面タイトル、縮尺などを表記する

LESSON 3／南立面図を描く

3-2. 図面を描く

STEP1／通り芯、基準線を描く

1. 高さ方向の基準線（GL、FL、軒高、最高の高さ）を１点鎖線・細線で描く。
2. 通り芯、その他の基準線を１点鎖線・細線で描く。
3. 地盤面を断面線（実線・太線）で描く。

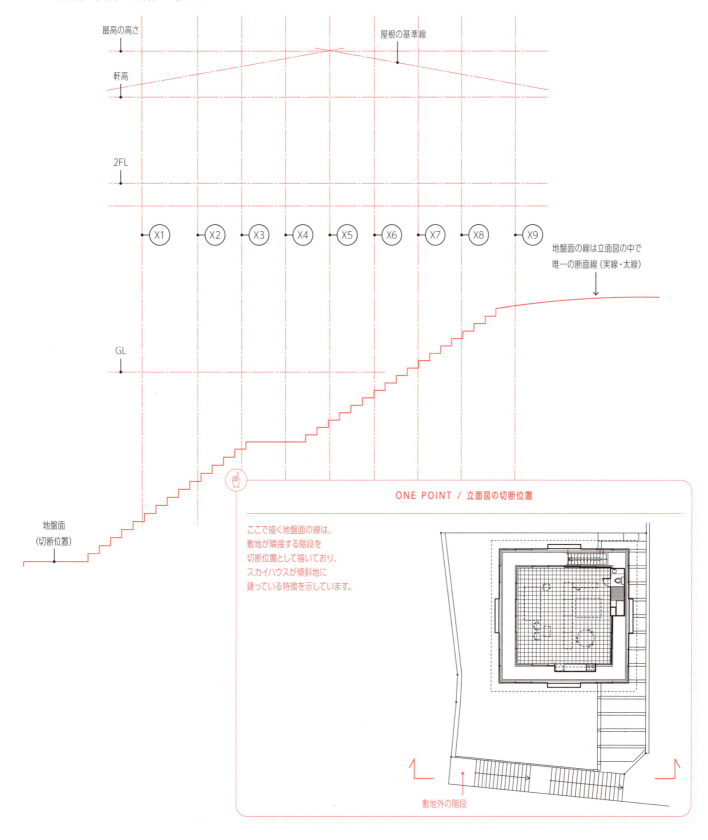

STEP2／主な構造体を描く

1. 屋根、壁、階段などを見えがかり線（実線・中線）で描く。
2. 階段は、基準線を、階段の段鼻の位置と桁の下端に描き、見えがかり線（実線・中線）で描く。

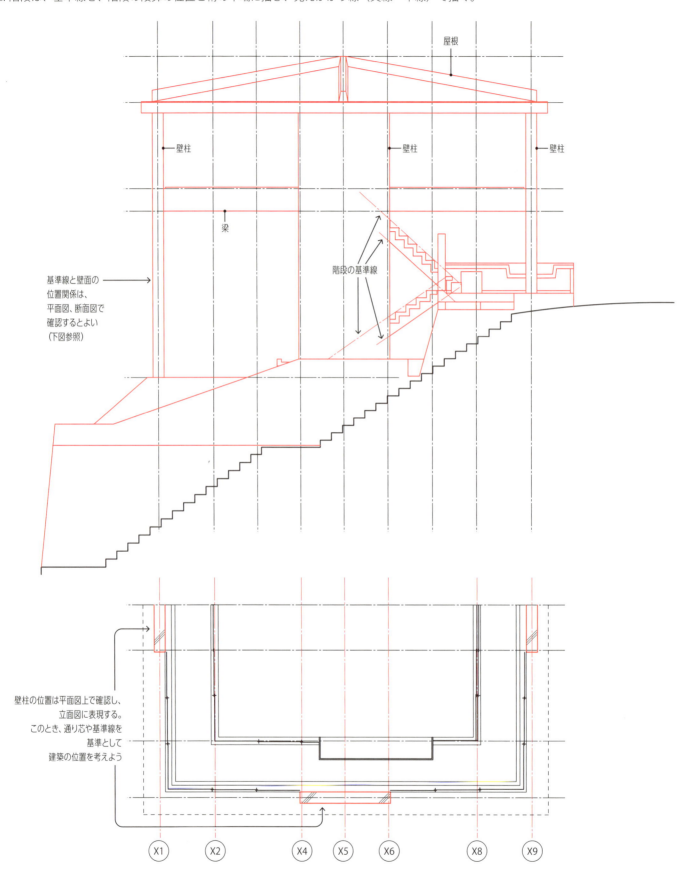

2階平面図　S＝1/100

STEP3／建具などを描く

建具、手すりなどを見えがかり線（実線・中線）で描く。

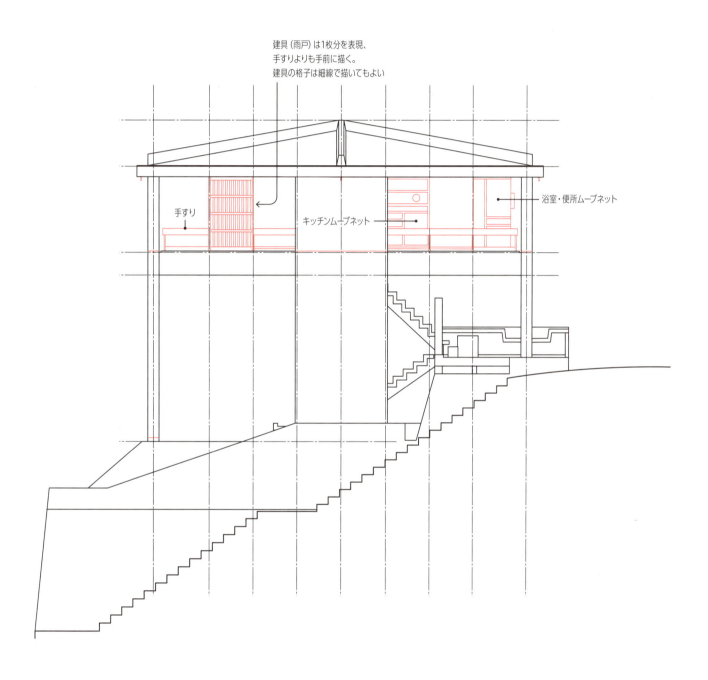

STEP 4／寸法線、通り芯記号、図面タイトル、縮尺などを表記する

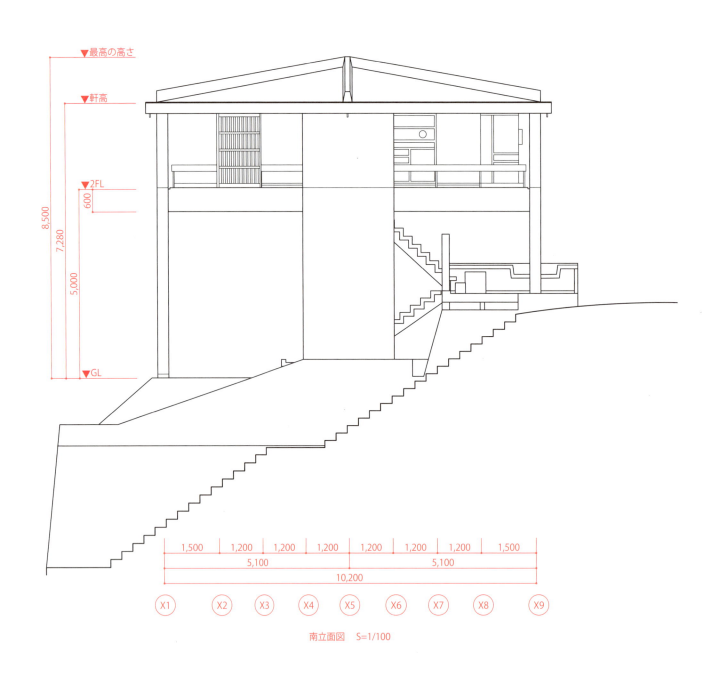

南立面図　S=1/100

LET'S STUDY / 建具の構成を詳細図で見てみよう

回廊の内と外の建具は、縮尺S=1/100の図面では簡略化して表現しますが、是非、実際の構成(詳細図)を理解したうえで簡略化の表現を描いてください。

回廊と中央の正方形の空間を隔てる建具は、3本引きガラス建具とその内側の3本引き障子の2重構成になっています。ともに建具枠(レール)は、床面より180高い位置にあって、床と建具枠の間にはガラスがはめ込まれています。

回廊の外側の建具は、木製の無双雨戸です。無双窓は、小幅の壁板を板の幅だけ間隔をあけながら並べた連子(れんじ)を2重に並べたものです。連子の一方を左右に引くことで開け閉めし、通風や採光を確保します。

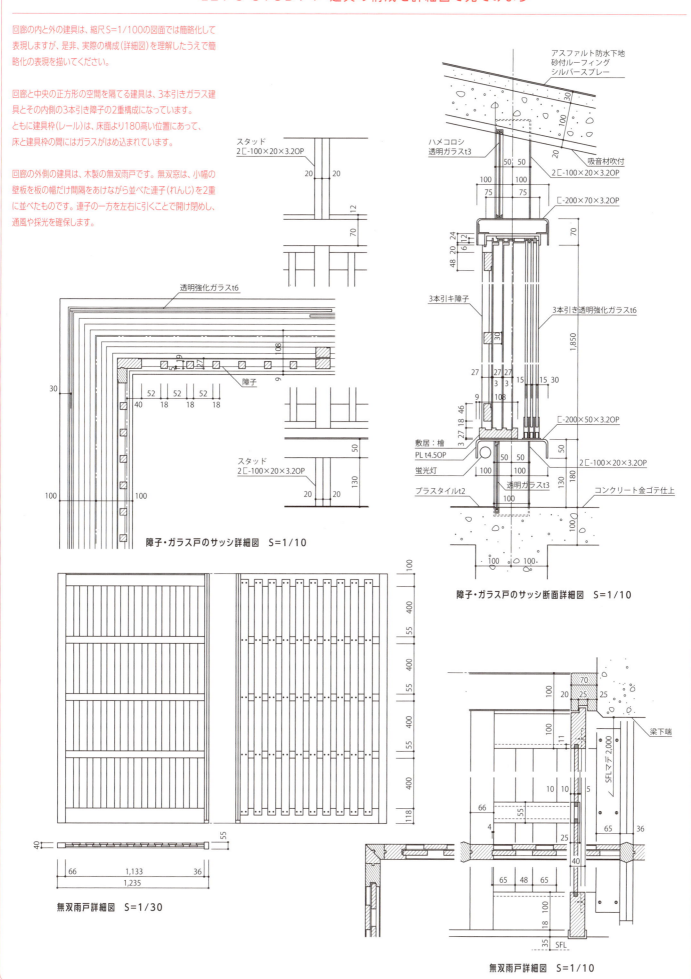

障子・ガラス戸のサッシ詳細図　S=1/10

障子・ガラス戸のサッシ断面詳細図　S=1/10

無双雨戸詳細図　S=1/30

無双雨戸詳細図　S=1/10

図面レイアウト参考例

スカイハウス
123456789　水谷玲子
S=1/150

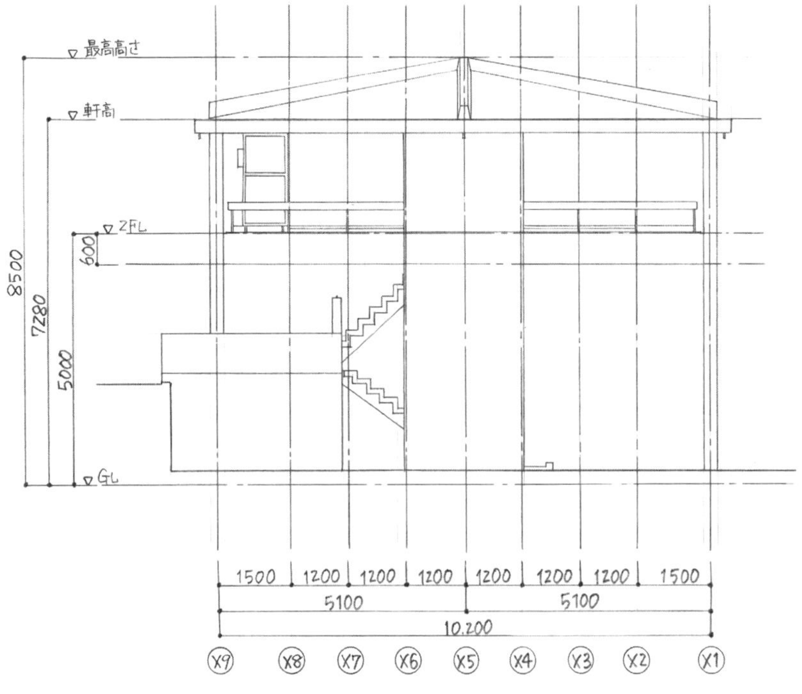

北立面図

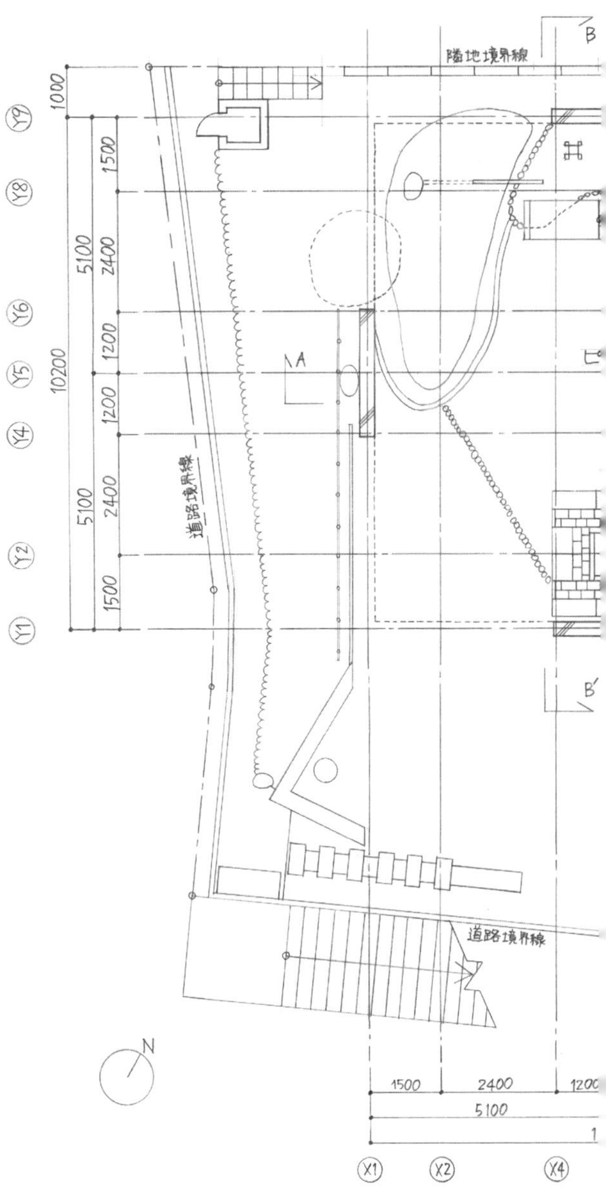

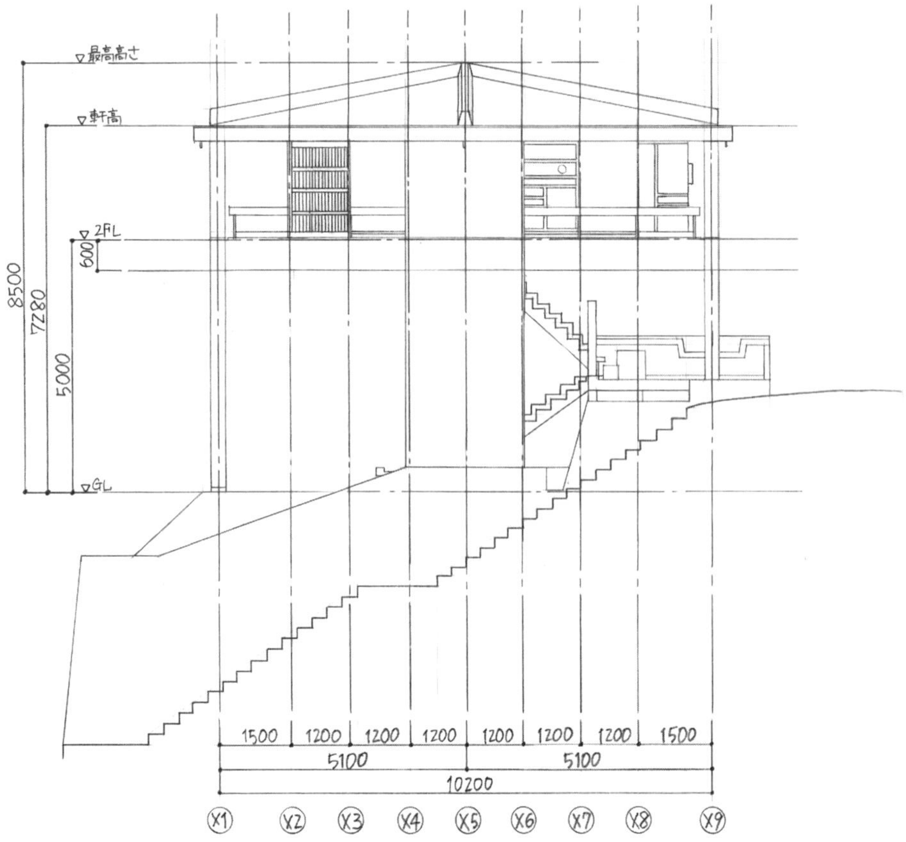

南立面図

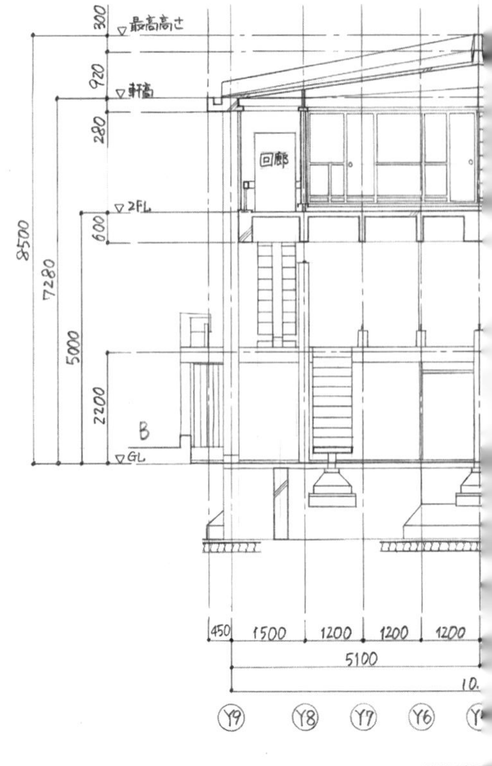

1階

B-B'断

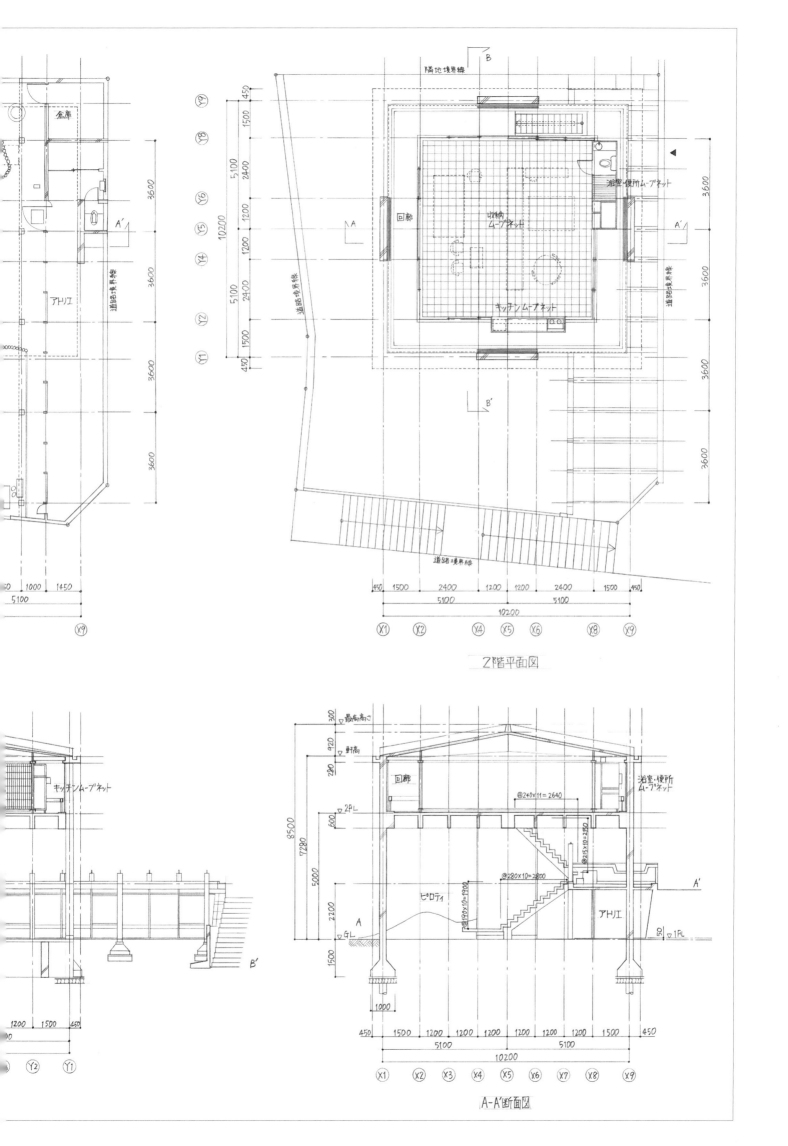

CHAPTER 4

図面を読む
シルバーハット

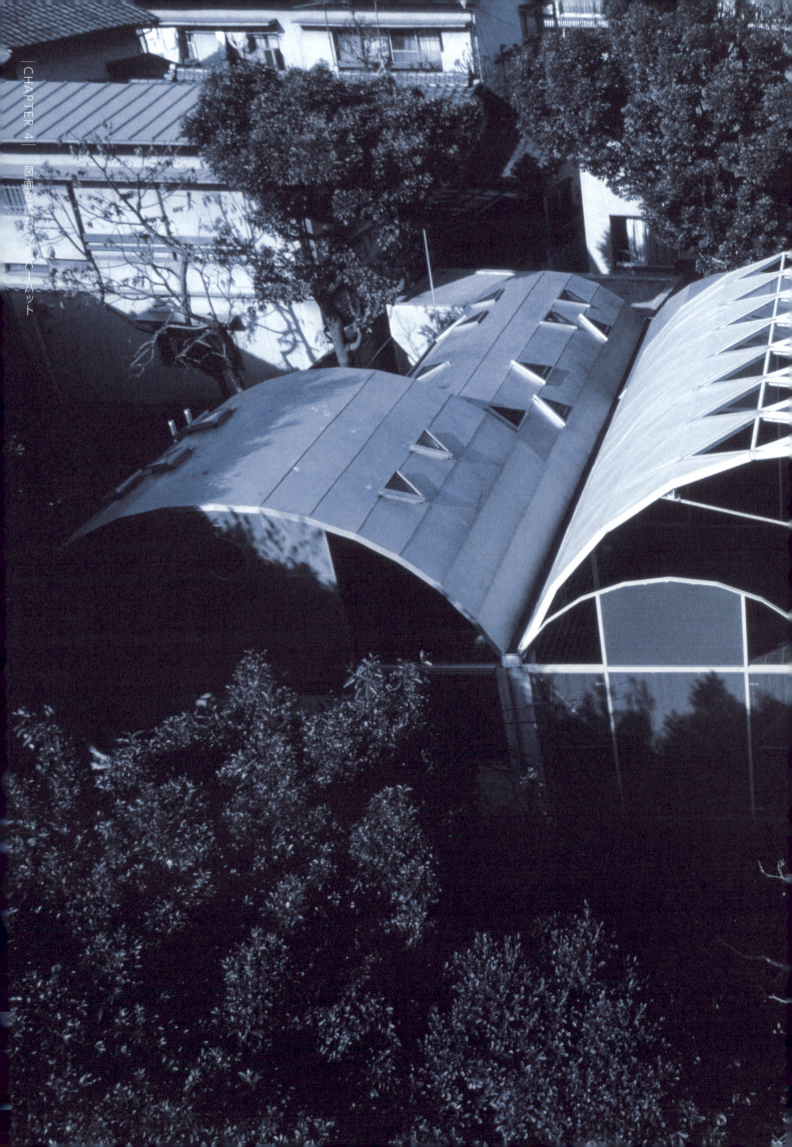

PROLOGUE | シルバーハットについて

PROLOGUE／シルバーハットについて
都市に開く住宅のピュアなかたちでの結晶

　1960年代から1970年代は建築の外部を閉じ、内部空間の充実に建築家の関心が向けられていた時代といえます。それに対し、1980年代は、建築への意識を外へ開き、都市へのまなざしを強くもつ流れに転換したターニングポイントといえるでしょう。伊東豊雄の自邸である「シルバーハット」は、同じく自身の設計である「中野本町の家」から連続する敷地に、8年後、1984年に誕生しました。まさにこの２つの建物には、その間の時代の変化が顕著にあらわれているといえます。

　伊東豊雄はそれまでの「家」の既成概念から自由になることを目指し、「シルバーハット」に先立っていくつかの住宅作品で試みていた「都市住宅のオープンなスペースへの可能性」というテーマが追求されています。それらの試みがもっとも純粋なかたちで実現されたのが「シルバーハット」といえるでしょう。

　建築の基本的な構成は3.6mグリッド上に建てられたコンクリート柱の上に、大小７種類のスチールフレームのヴォールト屋根が架けられるかたちで構成されています。独立した7つの小さな家の集合体がかたちづくる姿は、あたかも集落のイメージを放っています。南側の中央に配置されたコートヤードは、季節と天候に合わせて半屋外のリビングとして機能し、多様に外部に開くかたちで住まいが展開されています。

　全体的に意識的な形態操作は極力避けられており、屋根は人の手でも運搬、組み立て可能なスチールフレームのユニットが採用されています。また、家具や照明、窓にいたるまで、ありあわせの材料でつくられるブリコラージュ（引用）的な即物的手法が試みられており、この建築の仮設的な雰囲気を強く性格づけています。住む容器としての空間をプランとして固定せず、近代生活の先にどのようなポジティブな生活が可能なのかを建築で示して見せた、現代の住宅へ向けたもっとも重要な先駆的作品といえます。

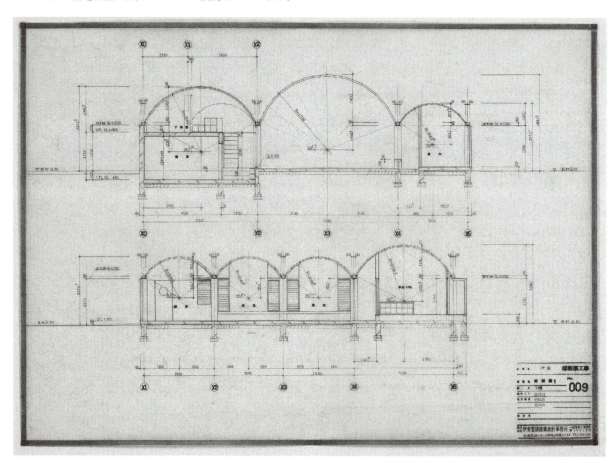

シルバーハット
1984年
東京都中野区

Silver Hut
1984
Nakano Tokyo

伊東豊雄　いとう・とよお
1941年京城市（現ソウル市）生まれ。65年東京大学工学部建築学科卒業。菊竹清訓建築設計事務所勤務を経て、71年にアーバンロボットを設立（79年に伊東豊雄建築設計事務所に改称）。代表作に、「せんだいメディアテーク」「みんなの森 ぎふメディアコスモス」「台中国家歌劇院」（台湾）など。日本建築学会賞、ヴェネチア・ビエンナーレ金獅子賞、RIBAロイヤルゴールドメダル、プリツカー建築賞、UIAゴールドメダルなど受賞

建築の中央に位置する外部のコートは道路側に妻面を見せているヴォールト状の屋根の連なりで包まれている。屋根部材のユニットは可能なかぎり2次部材を省くことで人力でも施工されるよう軽量化が図られるとともに、構造材を含めて80mmという薄い皮膜のような架構が軽快な建築空間をかたちづくっている

住居内部のキッチンは外部のコートと同じ仕上げで床の敷瓦が敷設されており、まさに、家の内部と外部がつながっていくオープンなスペースが実現されている。また、仕切られていない内部空間は、あたかも地面から柱が立ち上がり、その上に軽い屋根が舞い降りたようなイメージをつくりあげている

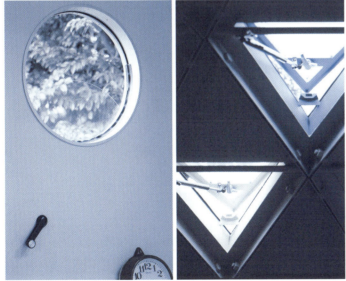

窓に自動車の窓開閉用ハンドルを採用するなど、既成の材料でつくるというブリコラージュ(引用)的な手法がさまざまに試みられている。自邸として住まい手の立場で設計にかかわることで、家の既成概念からはなれ、近代生活の先の新たな生活の姿を探求する姿勢が見てとれる

太いコンクリート柱とまったく対比的にある軽やかな鉄骨フレームによる屋根が、この住宅の仮設的な雰囲気を醸し出している。内部空間越しに見る中庭は、南側のファサードに設けられたアルミパンチングスクリーンと開閉可能なテントにより通風や日照の調整を行いながら、半屋内(外)空間となる

LESSON 1
平・立・断3つの図面の対応を考えよう

CHAPTER1からCHAPTER3まで、図面の描き方を学んできました。建築の図面は描くことと並んで大切なことがあります。それは、「図面を読む」力です。建築の姿を把握するには、実際の建築を観る以外に、図面を読み解いて建築の空間構成を把握することが最良の方法といっても過言ではありません。

CHAPTER4では住宅作品「シルバーハット」を事例にして、図面を読み解くポイントを見ていきましょう。

QUIZ 図面を見て考えてみよう

「シルバーハット」のS=1/150の平面図、立面図、断面図を見て、下のクイズに答えましょう。

Q1. 立面図の方位は?
立面図は、それぞれどの方位の面を表現していますか。
　a　、　b　に東、西、南、北、いずれかの語を記入しましょう。

Q2. 立面図はどの壁面を描いている?
各立面図に描かれている壁面は、平面図のどの壁面に相当するでしょうか。
壁面を色分けし、室名を記入しましょう。

Q3. 断面図の室名は?
1～2階平面図に記されている室名を参照し、
断面図中の　c　～　i　に室名を記入しましょう。

Q4. 切断位置はどこ?
A-A'断面図、B-B'断面図は、建物のどの位置を切った断面でしょうか。
1～2階平面図に切断位置を表記しましょう。

このクイズは、2以上の図面をあわせて読んで理解することに着目した内容です。
クイズにすらすらと解答できれば、建物全体の構成がおおよそ把握できていることと思います。
それでは、次へ進んで、個々の図面をよりていねいに読むことにしましょう。
(クイズの答えは、p.141右下部)

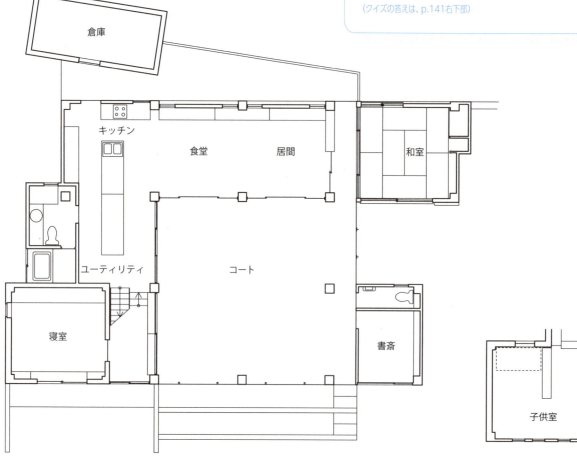

1階平面図　S=1/150　　　　　　　　2階平面図　S=1/150

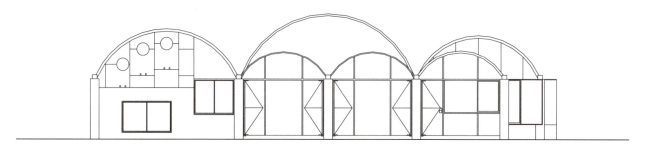

a 立面図　S=1/150

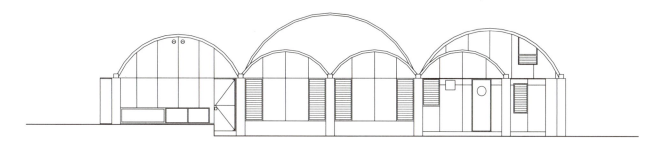

b 立面図　S=1/150

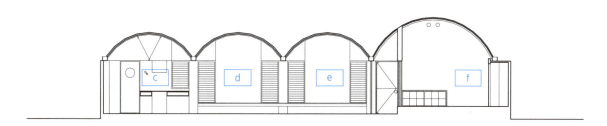

A-A'断面図　S=1/150

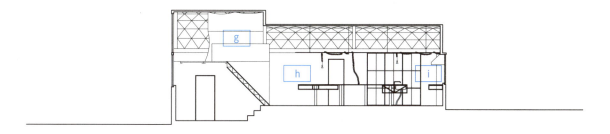

B-B'断面図　S=1/150

LESSON 2
一般図を読む

一般図は以下のような視点をもって読み解きを進めてみましょう。
1. 建物全体の構成をつかむ。
平・立・断面図から、下図のような建物全体の構成イメージが浮かび上がります。
2. 建物の内部と外部（の境界）を考える。
3. 高さ方向の空間のつながりを考える。
4. 構造の形式をさぐる。

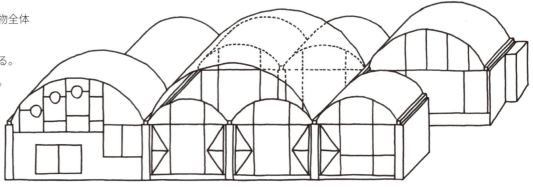

建物全体の構成イメージ

STEP1／平面図を読む

1. 柱・壁の配置に注目する
柱の配置からグリッド状の平面計画であることがわかるので、基準線を引いて確認しよう。
→平面図上の1点鎖線—・—・—・—で示す。
2. 壁、建具など建物の内・外を隔てるものと、室名などを手掛かりにして、建物の内・外を区別し、内部空間に色を塗ってみよう。
→平面図上の色をつけた範囲で示す。
3. 階段の位置、吹き抜けに注目して、高さ方向の空間のつながりを把握する。1〜2階のつながりを、補助線を用いて示してみよう。
→平面図上の破線—————で示す。

読み解きのPOINT

- グリッド状の平面計画
- コート（中庭）を中心に取り囲むように諸室が配置される
- 居間、食堂、キッチン、ユーティリティがL字形平面のワンルーム
- 寝室の上が子供室

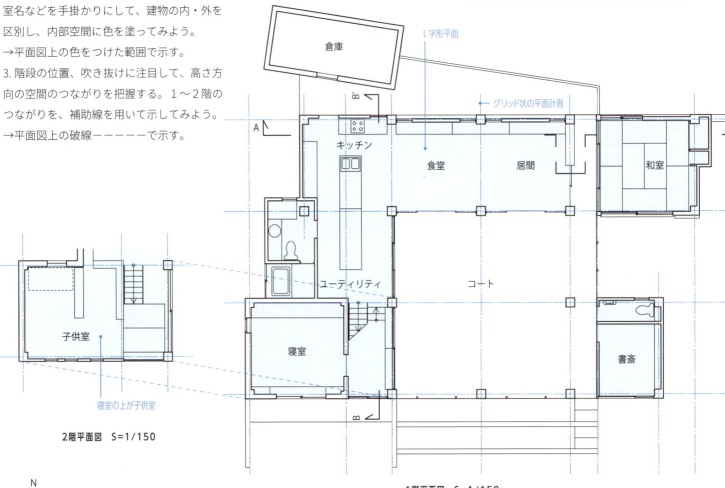

2階平面図　S=1/150

1階平面図　S=1/150

：内部空間を示す

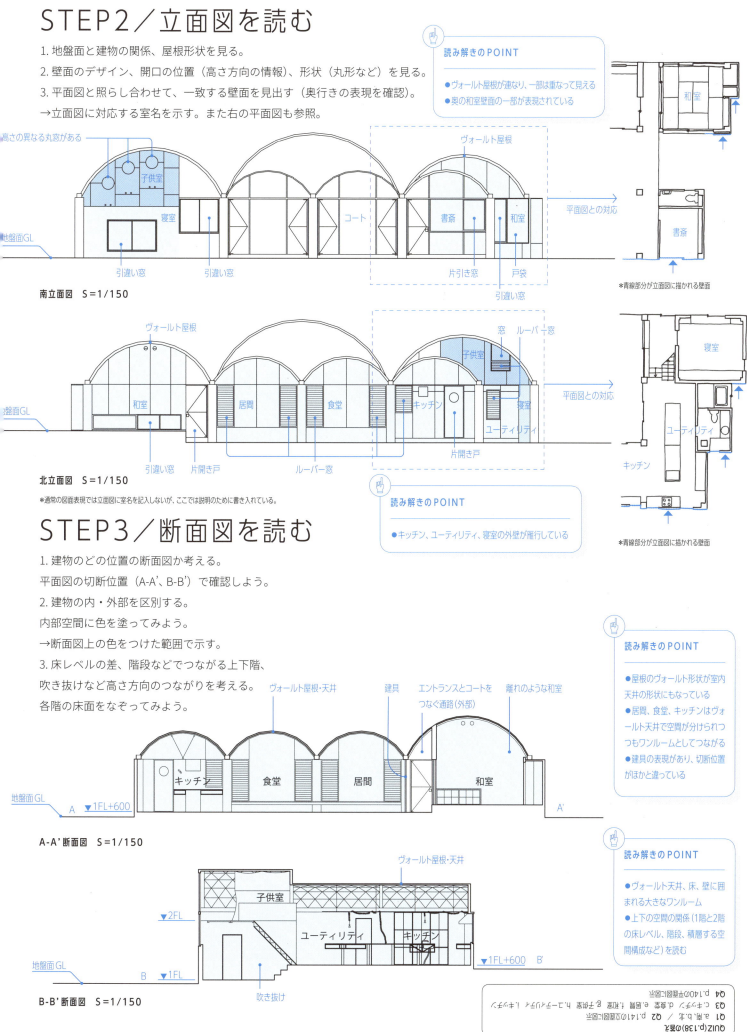

LESSON 3
詳細図を読む

大学の設計演習などの授業では、詳細図に触れることはめったにないと思います。そのため、詳細図をじっくりと見ることは普段あまりないかもしれません。詳細図とはその名の通り、部材の納まり、仕上げなど、建築の細かいところを隅々まで表現する図面です。じっくりと見ていくと新たな発見もたくさんあることと思います。

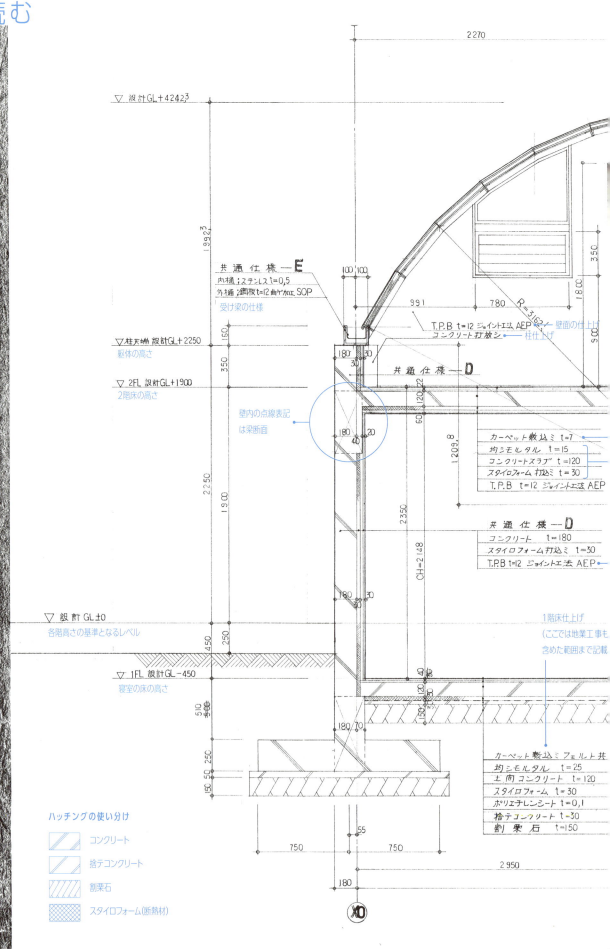

＊図面中には、矩計図の表現の解説を青い文字で記入している。読み解きの参考にすること。

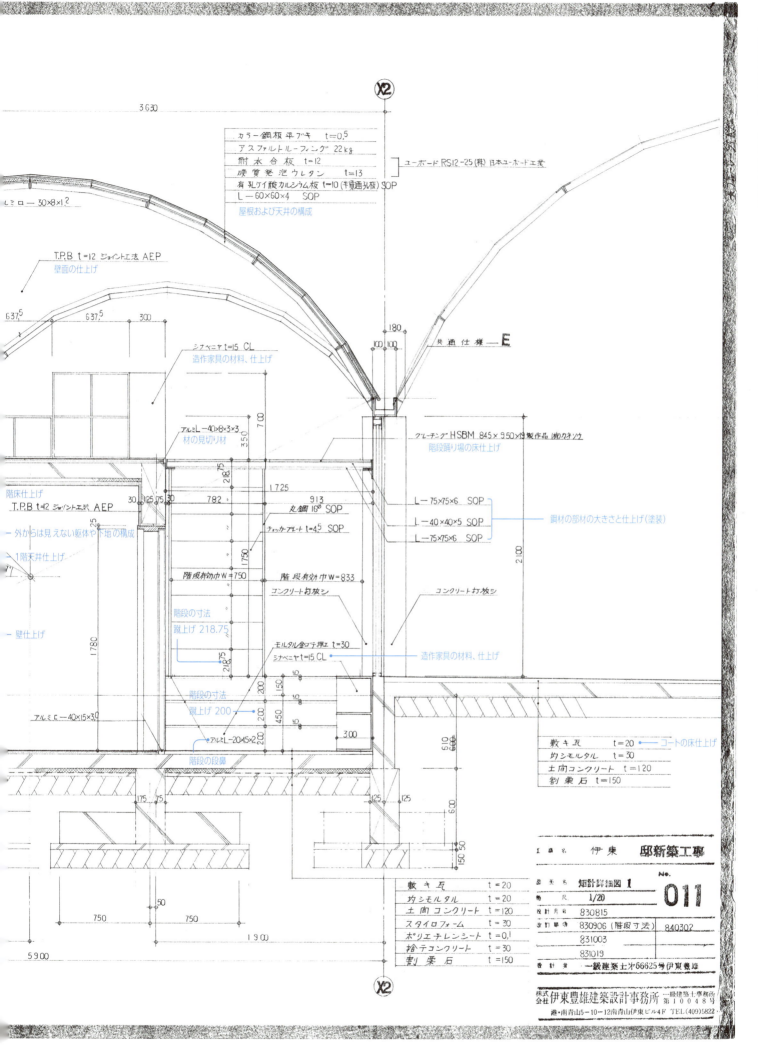

LESSON 4
描く手順に沿って図面を読んでみよう

p.142〜143の矩計図を、図面を描く手順と、それらが示す情報に沿って、以下の3つのステップで読み解いていきましょう。

STEP1　建物全体の大きさや形状を、寸法を読んで把握する
STEP2　空間構成を把握する
STEP3　ディテールのデザインを読む

矩形図にはさまざまな内容が表現されていて複雑に見えますが、知りたい事柄の記載を見分け、描かれている線種の意味を考えて読むことで理解が進みます。

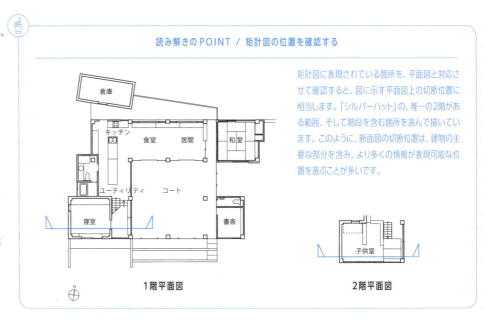

読み解きのPOINT / 矩計図の位置を確認する

矩計図に表現されている箇所を、平面図と対応させて確認すると、図に示す平面図上の切断位置に相当します。「シルバーハット」の、唯一の2階がある範囲、そして階段を含む箇所を選んで描いています。このように、断面図の切断位置は、建物の主要な部分を含み、より多くの情報が表現可能な位置を選ぶことが多いです。

STEP1／建物全体の大きさや形状を寸法で把握する

通り芯と基準線および主な寸法に注目する

右図は、矩計図から主要な寸法や基準線だけを抜き出したものです。高さや構造のスパンなどが整理され、空間の形や大きさがイメージしやすくなります。

図面の最初に描く通り芯、基準線（1点鎖線）は、図面を読むときも最初に確認するとよいでしょう。

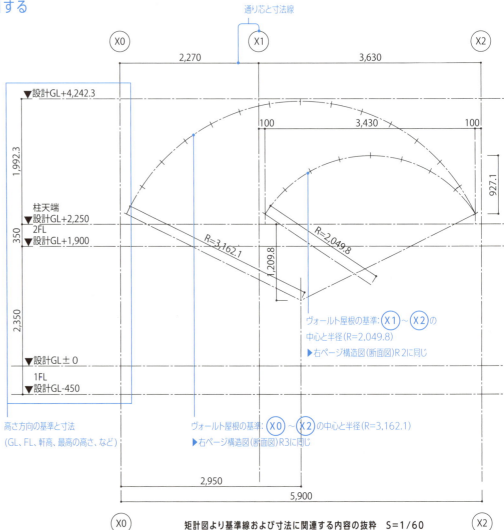

高さ方向の基準と寸法
（GL、FL、軒高、最高の高さ、など）

ヴォールト屋根の基準：X0〜X2の中心と半径（R=3,162.1）
▶右ページ構造図（断面図）R3に同じ

ヴォールト屋根の基準：X1〜X2の中心と半径（R=2,049.8）
▶右ページ構造図（断面図）R2に同じ

矩計図より基準線および寸法に関連する内容の抜粋　S＝1/60

LET'S STUDY / 建築を読み解くさまざまな図

建物を紹介しているさまざまな図が、建物を読み解く鍵になります。
STEP1の図面には、建物の主要な寸法を示しましたが、矩計図だけからではわからない内容が
一部含まれています。たとえば、ヴォールト屋根の半径(R)は、下に示す「構造図」を参照しています。

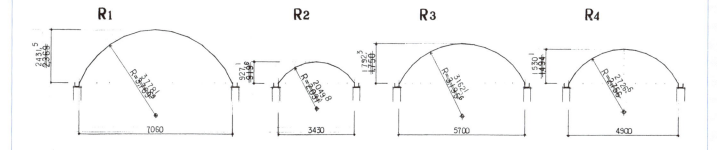

断面図（構造図より）

下の「柱頭詳細図」によると、ヴォールト屋根の部材の端部は、柱の基準線（通り芯）から水平に100離れた
位置にあることがわかります。上の構造図の寸法との整合を確認し、STEP1の図面に反映しています。

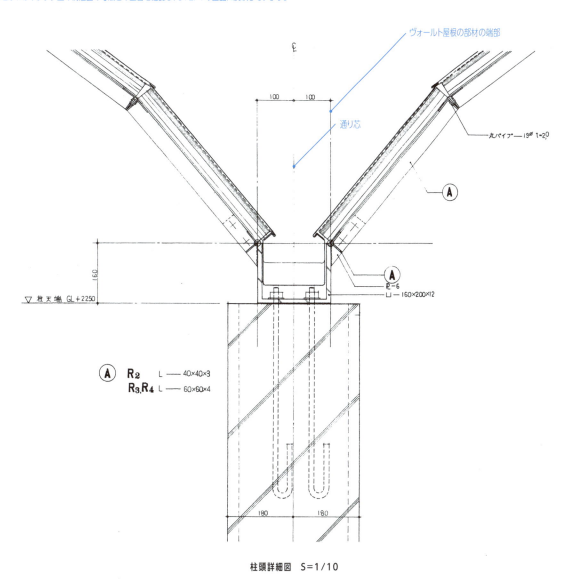

柱頭詳細図　S=1/10

STEP2／空間構成を把握する

1) 断面線と見えがかり線に注目する

①矩計図の中から、一般図としても表現される内容を読み取り、空間構成を把握します。
②右図は矩計図の中から断面線を黒、見えがかり線を青色で表示しています。
③断面線と見えがかり線の区別をしっかりとすることで、床、壁、天井などが把握でき、空間構成が見えてきます。
④1点鎖線の×印の表現は、「指し示す範囲には壁がなく、オープンになっている」という意味で、平面図の吹き抜けと同様の表現です。

読み解きのPOINT

- 断面線：地盤面、床、壁、天井、建具、屋根などを読み取る
- 見えがかり線：図面の奥行き方向に見える建具、家具、階段、柱型などを読み取る。平面図も参照するとよい

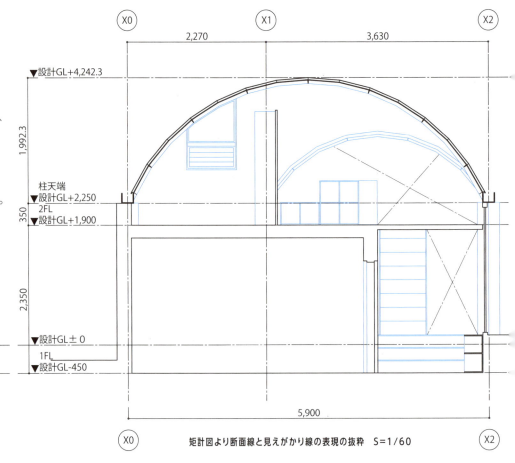

矩計図より断面線と見えがかり線の表現の抜粋　S=1/60

2) 空間を具体的にイメージする

　矩計図は、構成部材が詳細に記載されているので、建物の構成原理を把握することができます。個々の部材に分解して立体的に表現すると右図のようになります。

　スペースフレームと呼ばれる三角形の部材をヴォールト状に組み、それを2本の受け梁（C-160×200×12。C形鋼という部材で、数字は断面の寸法を表す。p.148参照）で受けています。その受け梁を4本のコンクリート柱で持ち上げて空間の1単位が構成されています。受け梁は雨樋を兼ねています。

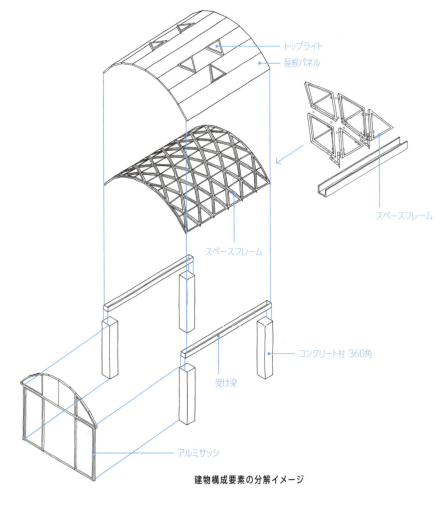

建物構成要素の分解イメージ

3) さらに深く読む　文字情報と仕上げの材料

矩計図に記載される文字の多くは、使用する部材を具体的に説明しています。矩計図から「仕上げ」に関する記載を抜き出してみると、下図のようにさまざまな表記があり、床、壁、天井、柱、階段、家具などの、素材やサイズ、表面の処理などを指示して、具体的な空間イメージを伝えています。

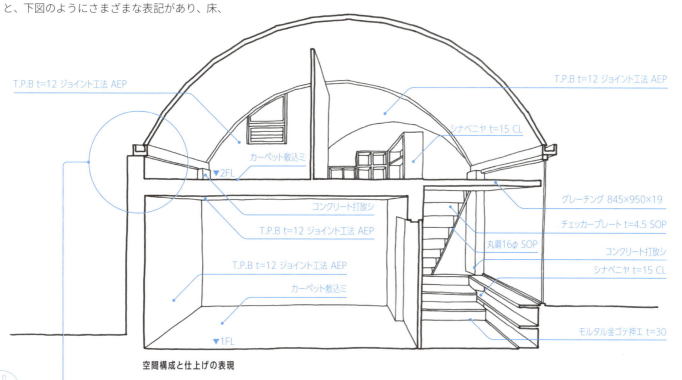

空間構成と仕上げの表現

読み解きのPOINT／文字情報の読み方を理解しよう

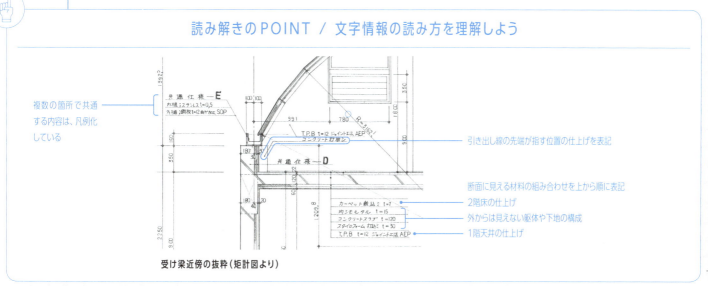

受け梁近傍の抜粋（矩計図より）

4) 仕上げ材の表記について

たとえば、壁仕上げに下記のような表記があります。

T.P.B	t=12	ジョイント工法	AEP
（材料）	（サイズ）	（施工方法）	（最終仕上げ：塗装）

これらは用いる材料名、続いて詳細な属性を並べて示していて、一般的な表記方法です。該当する項目がない場合は省略します。よく使用される語句には略号が用いられることになっています。

塗料などの色は、現場での「色合わせ」を経て決定することが多く、このように図面に記載しない仕様もあります。また、具体的な製品名を併記して指定することもあります。

図面に記載されている材料の例

材料	P.B：Plaster Boardの略。石膏ボード、プラスターボードのこと。（GBと表記する場合もある） グレーチング チェッカープレート モルタル
サイズ	t：thicknessの略。厚み。t=15などと書く。 φ（ファイ）：材の直径。16φなどと書く。 （単位はmm）
塗装	CL：Clear Lacquerの略。クリアラッカー塗り AEP：Acrylic Emulsion Paintの略。合成樹脂エマルションペイント塗り SOP：Synthetic Oil Paintの略。合成樹脂調合ペイント塗り

LESSON 5
ディテールのデザインを読む

構成部材の形状を知り、建築デザインのディテール（細部）を読みます。では、矩計図中の3カ所（下図のA～C）に注目して見てみましょう。

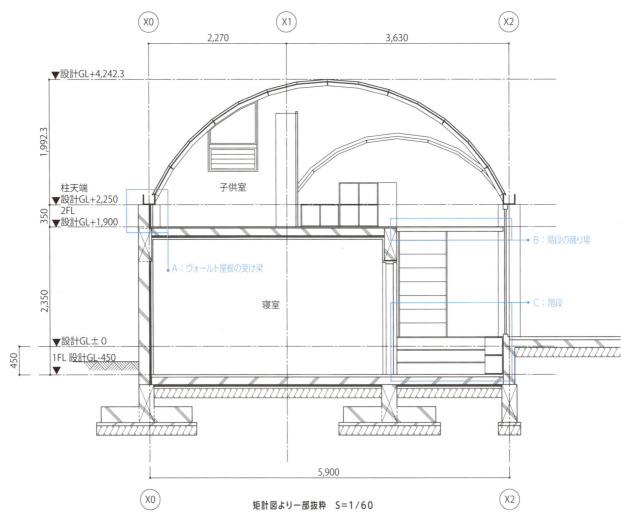

矩計図より一部抜粋　S=1/60

読み解きのPOINT ／ 部材の例と図面上の表記

個々の部材の形状と寸法は、図面ではL-75×75×6のように部材の断面寸法を示す方法で表現されます。下に、「シルバーハット」に使用されている一部の部材について、形状を図示しています。これらを参考に、ディテールのデザインを読んでみましょう。

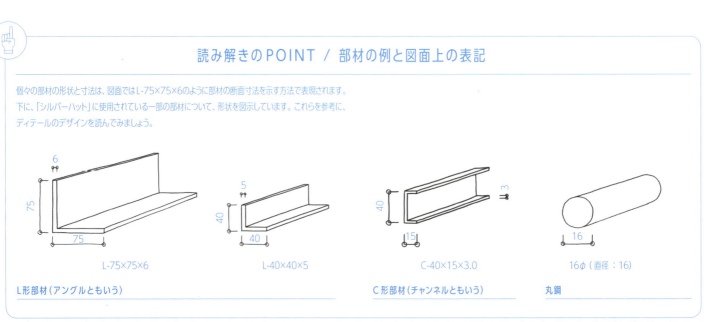

L-75×75×6　　　L-40×40×5　　　C-40×15×3.0　　　16φ（直径：16）

L形部材（アングルともいう）　　C形部材（チャンネルともいう）　　丸鋼

A：ヴォールト屋根の受け梁

シルバーハットの最大の特徴のひとつであるヴォールト屋根とそれを支える受け梁の構成を読み解きましょう。矩計図と構造図を参照してディテールを読みます。

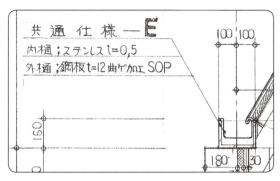

図1：受け梁近傍の拡大図

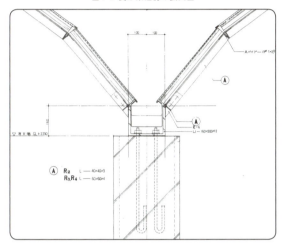

図2：柱頭詳細図　S=1/20（p.145にS=1/10を掲載）

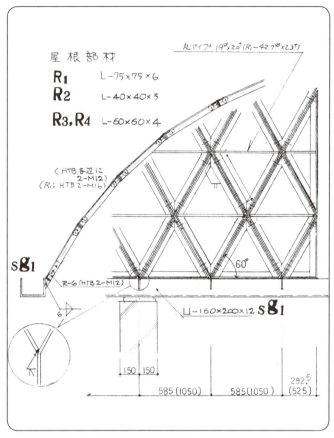

図3：屋根部材　S=1/30（構造図より）

細部の構成をスケッチに描いてディテールを理解しよう

図面を読んで理解できる部分から順にスケッチに描き出してみましょう。

受け梁は、コンクリート柱の上に設置され、雨樋を兼ねるための加工がされていることがわかります。ヴォールト屋根を支える横架材である受け梁にはスチールプレートの羽根が溶接されていて、このプレートを挟み込むようにして、2本のL形鋼材（スペースフレーム）がボルトで接合されています。

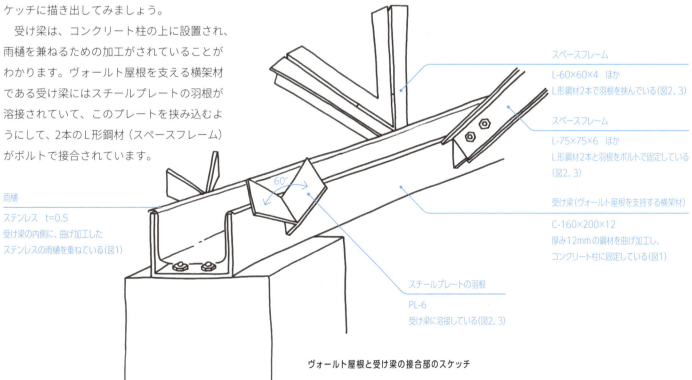

ヴォールト屋根と受け梁の接合部のスケッチ

B：階段の踊り場

「シルバーハット」の軽快な構造は、「ライトストラクチャー」ともいわれています。階段の踊り場のディテールを見てみましょう。

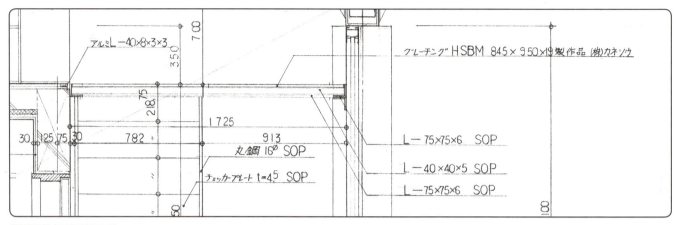

階段部分拡大図（矩計図より）

1）踊り場の部分を抜き出して描いてみよう

部材の形状と寸法を参考に、図面を読み解き、描き出します。踏み板であるグレーチングがL形の鋼材で組まれたフレームの上に載っていることがわかります。

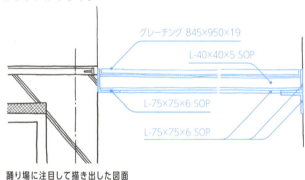

踊り場に注目して描き出した図面

グレーチングによる開放的な踊り場

2）拡大スケッチを描こう

図面を見ているだけではわからないときは、スケッチなどを描いてみると、理解できることがあります。パースを描くように、①奥行き方向を想像して、②また図面に戻ってよく見て、を繰り返してみましょう。

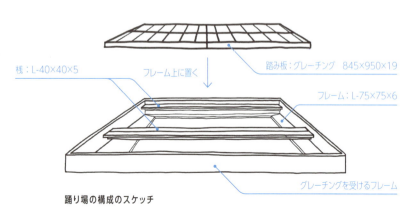

踊り場の構成のスケッチ

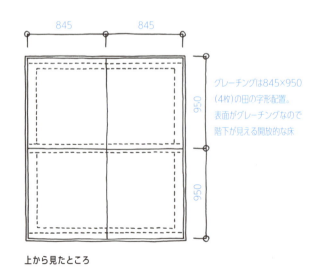

上から見たところ

グレーチングは845×950（4枚）の田の字形配置。表面がグレーチングなので階下が見える開放的な床

C：階段

この階段は折り返し階段で、折り返しの高さ（1FL+600）を境にデザインが変わります。矩計図に表現されている1FL+600から2FLの範囲は階段の段裏が表現されています。

デザインが異なる2つの階段

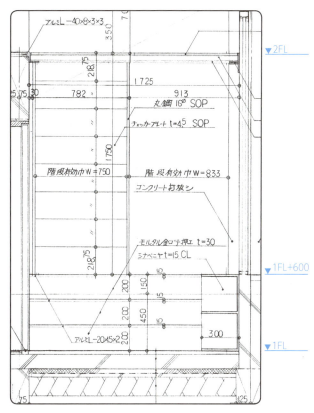

階段部分拡大図（矩計図より）

1）階段部分だけ抜き出して描いてみよう

図面の階段部分を描き出します。1FLから1FL+600までの階段は、家具（棚）と区別して描きます。

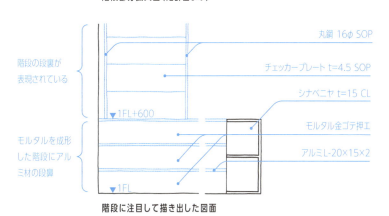

階段に注目して描き出した図面

2）拡大スケッチを描こう

2階への階段は、B-B'断面図（p.141）とあわせて参照すると、チェッカープレート（縞鋼板）を折り曲げて成形した段を、丸鋼2本ずつが両側から支えるデザインであることがわかります。

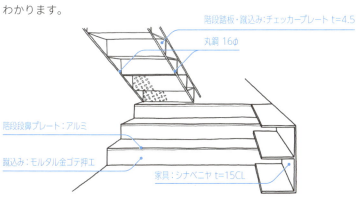

2つの階段のスケッチ

読み解きのPOINT／読み取れない部分はほかの図面を読もう

左の拡大スケッチの階段と家具の取り合い部分は、実は、想像に基づいて描いています。矩計図はⒶの位置の断面図で、家具の仕切り板が描かれているため、それより奥のことは読み取ることができません。平面図にはⒷの位置に家具と階段の境界線が描かれて、家具の上面のことだけはわかります。

以上の図面だけで、スケッチを描こうとしても、Ⓑの下の家具と階段の取り合いはわかりません。正確に知るには、展開図、家具図など（本書には掲載していません）をあわせて読む必要があります。

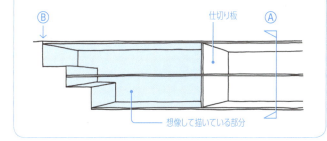

→チャンスがあれば、実物を見て確かめましょう。百聞は一見に如かず！

CHAPTER 5
図面をつくる
実 測

LESSON 1
実測とは？

　実際にある建築や空間の具体的な姿を知りたいとき、その建築や空間の現況を表した図面や資料が存在しない、あるいは、入手できなくて困った、ということは、往々にしてあります。そのような時に解決策のひとつとして、その対象の建築や空間の実際の寸法を計測して、図面を描き起こすということをします。これを実測調査と呼びます。

　実測調査を行う目的は、大きく2つあります。

1. 資料として、建築の現況を記録し その情報を保存するため

歴史的に価値のある建築物などと見なされるにもかかわらず、現況がわかる資料がない場合、あるいは、取り壊しが予定されている建築物の現状を記録・保存したい場合に実測調査を行います。現況を記録した資料は、歴史的建造物の修理、復元、研究などに役立つ可能性が大いにあります。図面以外に文献資料などがある場合は、実測調査の結果と照らし合わせることで、対象の建築物をより深く研究することができるでしょう。

2. 設計や施工を目的として、 建築の現況を把握するため

近年、既存建築物をコンバージョン、リノベーションすることによって、新たな建築空間を創造する事例が全国各地で見られます。また、住宅産業においてもリフォームなどの需要が増加しています。そこで、建築を改変する前提で行う、建築の現況を把握するための実測調査が重要になってきます。既存建築物に関する竣工時の図面資料などが存在する場合でも、その資料と現況に相違がないかを把握するために実測調査を経て確認をすることは必要です。

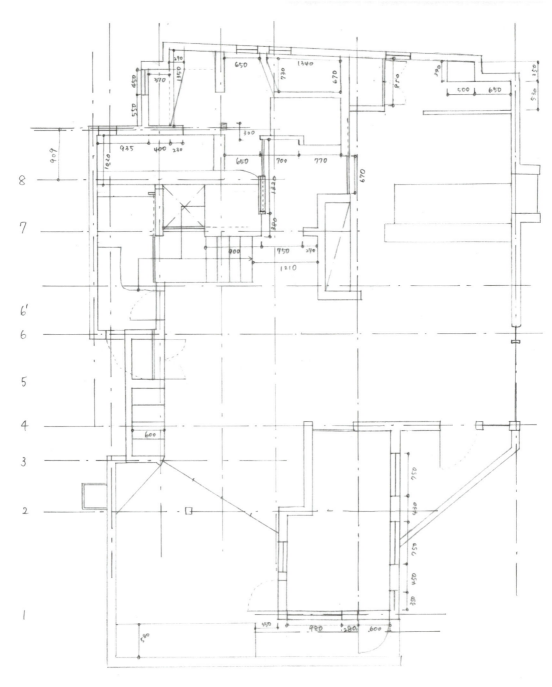

実測調査によって作成した図面資料の事例
（「石神井台の家」改修以前の2階平面図）

ONE POINT / 実測そのものが目的でない場面でも、スケッチを楽しもう

建築を学んでいるみなさんは、日頃から、身のまわりのモノの大きさや形（それが、建築空間であればなおのことよいのですが）に興味をもって、スケッチをとる機会が多いと思います。
そこでもう一歩踏み込んで、その大きさや形を、実際に寸法を測ってスケッチと一緒に記録しておくことは建築の設計に大変役立ちます。
絵やスケッチを描くのが「苦手！」と思い込んでいる人もいるかもしれませんが、繰り返し描くことで必ずコツがわかってきて上達します。
いつもスケッチブックをそばに持ち歩いて、気になったものをどんどん書き留めてみましょう。

筆者が旅先で描いたスケッチ

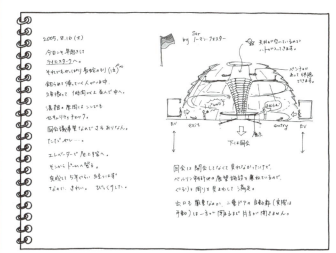

ベルリンのライヒスタークのドーム

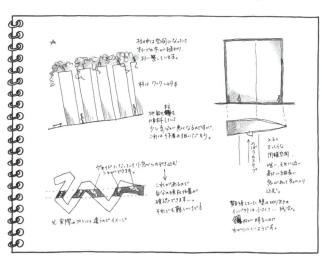

ユダヤ博物館の見所

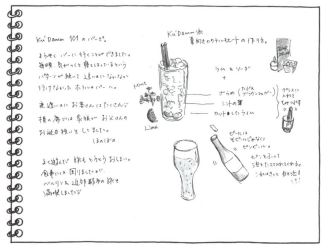

バーで飲んだモヒートのレシピをメモ

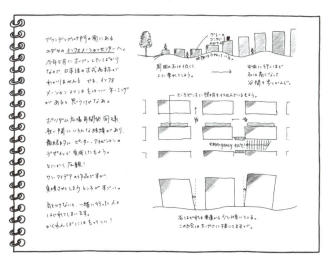

コンクリートブロックが連なるホロコースト記念碑

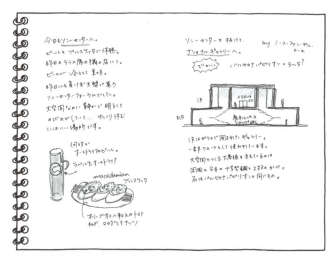

ナショナルギャラリーへ。その前の軽食

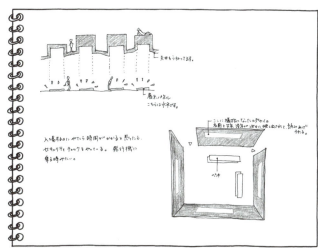

地下空間と地上の公園の対応を想像

LESSON 1 　実測とは？

LESSON 2
道具をそろえよう／実測調査の準備

記録用

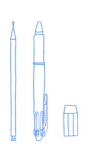

↑筆記用具
鉛筆、ボールペンで記録する。ボールペンは、記録を色分けできる多色インクのものが便利

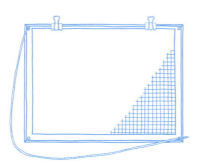

↑クリップボード
図のような画板＋ダブルクリップでもOK。A4またはA3サイズが使いやすい。紐を用いてボードを肩に掛け、両手をあけておくと記録作業がしやすい

←記録用紙
縮尺を表現しやすい5mm方眼用紙が便利。用紙のサイズはボードサイズに合わせてA4またはA3を選ぶ

→スマートフォン
カメラ機能のほかに、アプリを用いて計測機器のかわりとしても使える

←カメラ
カメラはベルトを装着して肩から掛け、さっと取り出せるようにするとよい

計測用

←脚立
天井、壁などの高所の計測に使う

↑コンベックス（メジャー）
JIS（日本工業規格）1級のもの、目盛りの単位がmmのものを選ぶ。長さが3.5～5m程度あると使いやすい

引き出したテープを固定するストッパー付きのものが便利

↑ステンレス製直定規
細部の計測に使う。長さ15cm、端部の目盛りが0のものが便利

←レーザー距離計
長い距離や、高所の計測に便利

↑巻尺
敷地などの屋外の長い寸法の計測に便利

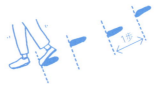

↑歩測
巻尺がなければ「歩測」で距離を把握しよう。自分の標準的な歩幅を把握しておくと、歩幅×歩数でおおよその長さがわかる。
自身の標準的な歩幅は、正確な長さがわかっている直線距離を進むのに要する歩数を数えて求める。
例：10m÷15.5歩＝（歩幅）645.16…mm
複数回往来して、平均値を求めよう

ONE POINT ／ レーザー距離計での計測方法
計測対象長さに合わせて計器の位置を定め、ボタンを押して計測します。

長さが短く計器が入り込めない部分は、計器の先端から測る

天井高（床面から天井面までの長さ）は、計器を床に立てて計器サイズを含む長さを測る

ONE POINT ／ コンベックスの使い方

mm単位の目盛りを読む
尺貫法またはインチの目盛り　こちらを読む
メートル法の目盛り（mm）

外法の測り方
コンベックス先端の金具を計測する凸部に掛け、テープ（目盛り部）をまっすぐ引いた状態で測る

掛けて引っ張る

内法の測り方
コンベックス先端の金具を壁などに押し当て、他端はテープを折って目盛りを読む

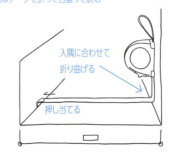
入隅に合わせて折り曲げる
押し当てる

LESSON 3
作業の進め方

役割分担の例

熟練してくると1人でもできる作業ですが、慣れるまではグループ作業で役割分担するとよいでしょう。

- 服装は動きやすく、多少汚れても構わないものを選ぶとよい
- 現場の状況に合わせて、ヘルメット、帽子、マスクなどの着用が必要

Aさん　スケッチ&記録担当
2人で平面図と断面図を分担することもある

帽子（場合によってはヘルメット）
マスク

Bさん　計測担当
細かい部分は1人で、高所や長い距離は補助してもらって計測する

Cさん　補佐担当（カメラ記録、計測サポートなど）
Aさん、Bさんがカメラ撮影を兼任することも多い。スケッチの補佐ができるように記録道具一式（画板など）を用意しておく

調査の進め方

調査は、空間の大きな構成（空間の形状、開口部など）をとらえることからはじめて、次第に細かい部分に移ることがポイントです。スケッチは、はじめに空間全体を描き、空間全体の大きさ、開口の位置などを計測します。空間の全体像を把握して、調査のベースとなる図面を描いたあとで、細部を確認します。

Aさん　スケッチ&記録担当
- スケッチ
実測する範囲の図面（平面図、断面図、展開図など）のスケッチを描く
計測したい部分に寸法線を記す

図面のスケッチ

- 計測値の記録
Bさんが読み上げる数値を聞いて、図面に記録する

Bさん　計測担当
計測対象となっている箇所を、コンベックス、レーザー距離計で計測して寸法を読み上げ、Aさんに伝える

Cさん　補佐担当
- 計測の補佐
別の場所を受けもつか、Bさんのコンベックスの端部を押さえるなどして、計測をサポートする
- カメラでの記録
写真を撮り、撮影した位置・向きを記録する

撮影した位置の記録

LESSON 4
ひと部屋の実測をしよう

　身近な「ひと部屋」の実測図面を作成しましょう。「石神井台の家」（設計：水谷俊博建築設計事務所）の書斎を例に、実測し、平面図・展開図・部分詳細図を作成する手順を紹介します。

　この手順を参考にして、みなさんの部屋などの実測を実際にしてみましょう。

STEP1／実測する範囲のスケッチ作成

1. 部屋全体の外形を描く。
2. 部屋の構成要素（柱、壁、開口など）を描く。
3. 計測する部分に寸法線を記入する。

平面図

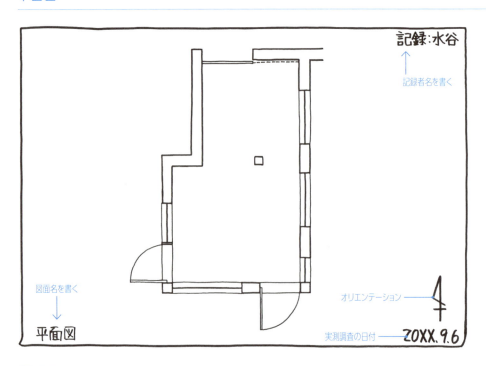

- 方眼のマス目を利用して、柱・壁・建具の位置を描く
- ノンスケールでもよいが、大まかなスケール感や、形状、位置関係をある程度正確にとらえておくとよい
- オリエンテーションを記録する
- 基本情報（調査日、記録者名など）を記入する
- スケッチ作成が完了したら、計測したい部分にもれなく寸法線を記入する
- 共同で作業を行う場合は、測るべき場所の情報を互いに共有しておくと計測作業が進めやすい

計測したい部分に寸法線を記入

展開図

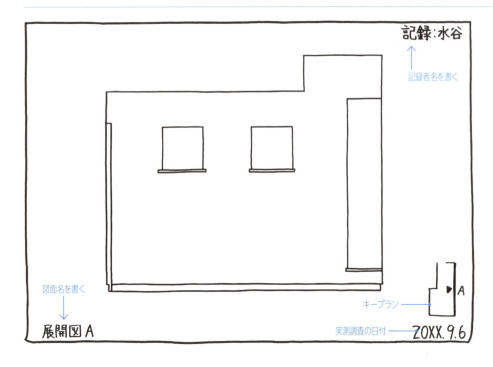

- 方眼のマス目を利用して、壁面の全体形状、建具の位置を描く
- ノンスケールでもよいが、大まかなスケール感や、形状、位置関係をある程度正確にとらえておくとよい
- どの壁面の展開図であるか、平面図との対応をキープランなどで記す（平面図に記録してもよい）
- スケッチ作成が完了したら、計測したい部分にもれなく寸法線を記入する
- 共同で作業を行う場合は、測るべき場所の情報を互いに共有しておくと計測作業が進めやすい
- すべての壁面について、展開図を描く

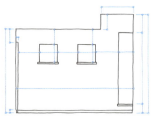

計測したい部分に寸法線を記入

ONE POINT / 野帳のフォーマットを使おう

野帳とは？

「野帳」とは、屋外などの現場に出て、その場で記録をとるためのノートのことで、「フィールド・ノート」ともいいます。調査目的に合わせて野帳のフォーマットをつくると、後々の振り返りや情報整理に役立ちます。
必ず記録しておきたい項目を、「調査概要」などとしてあらかじめフォーマットの中にリストアップしておくと、もれなく記録をとることができます。
まず「調査概要」を記入し、その後、スケッチ、計測の記録をとるとよいでしょう。

調査概要

記入する項目の例を下に記します。

調査概要
建物名：石神井台の家
エリア：書斎（2）
調査用紙No.：001
調査日時：20××年9月6日10:00～11:30
記録者：水谷玲子
協力者：水谷俊博
図面タイトル：平面図、断面図、展開図、詳細図など
オリエンテーション：北の方角を確認して記入
キープラン：記録した位置を記入

あとで、写真データなどと合わせて整理することや、ほかの調査メンバーと情報を共有することを想定して、できるだけ詳しい情報を正確に記録する。

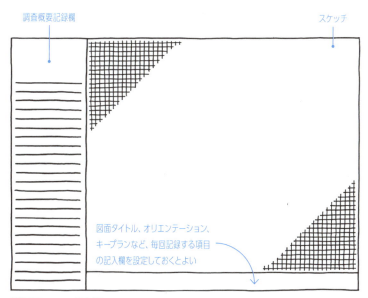

野帳のフォーマットの例

スケッチの例

平面図、立面図、断面図、展開図などの空間全体のスケッチと計測が完了したら、建具まわり、造作家具、幅木などの細部を調査します。形状が複雑な部分は、詳細図、部分のスケッチなどを適宜描き込み、正確でわかりやすい記録をとります。

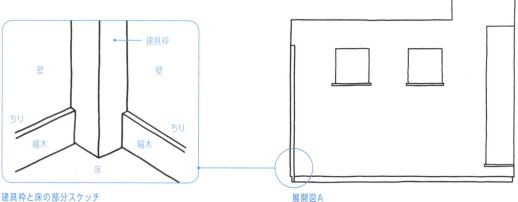

建具枠と床の部分スケッチ

展開図A

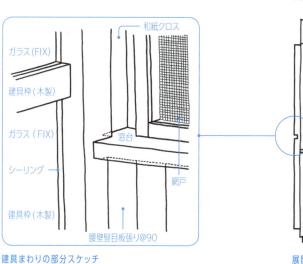

建具まわりの部分スケッチ

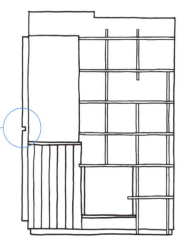

展開図C

STEP2／実測した値をスケッチに記録する

1. 大きな部分からはじめて、小さな部分へ順に測る。
　たとえば、まず、部屋全体の寸法を計測し、その後、建具の位置、寸法を計測する。
2. 平面を測り、その後、高さ方向（展開図）を測る。
3. 細かい部分が気になるかもしれないが、まずはこのページの表現程度の大きな構成を完成させることを目標にする。

平面図

● 部分の寸法の合計が、全体の寸法に一致するか、測って確認する
　例：東側壁面
　北から452+743+438+743+438+355=3,169
　大きく差がある場合は、実測値が誤っている可能性があるので見直す

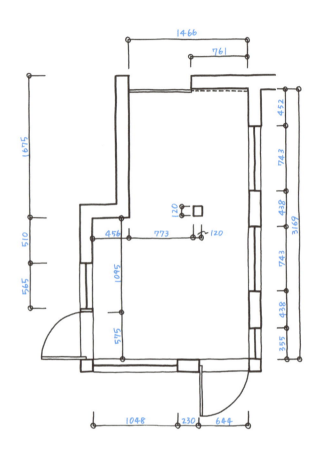

ONE POINT／色分けする記録方法

4色ボールペンなどを用いると、線、数値など種類ごとに色分けをして記録でき、わかりやすいです。
たとえば、
黒：躯体
赤：寸法線
青：メインの要素の見えがかり線
緑：その他、家具など

展開図

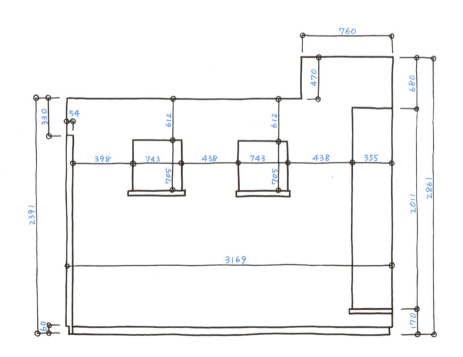

STEP3／細部のスケッチを追加し、実測した値を記入する

1. 細かい部分のスケッチを描く（紙面の余白を利用するか、別の用紙に描く）。
2. スケッチの測定値を記入する。
3. その他の情報（仕上げなど）をメモする。

平面図

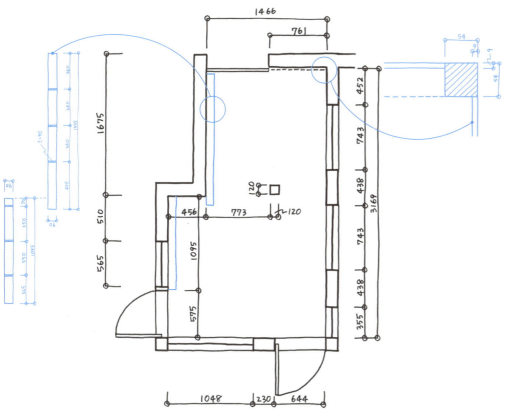

- 建具まわりの形状、寸法などを細かく測定し、記録する
- 家具寸法、部材寸法（部材の厚みなど）を記録する

展開図

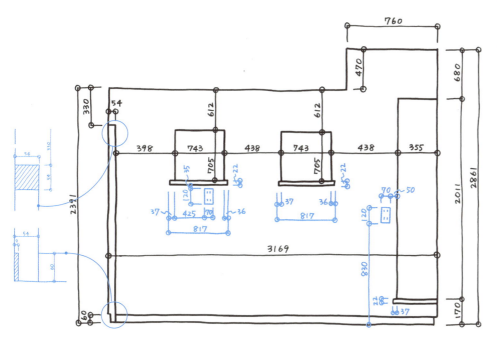

- 平面図同様、建具枠など、建具まわりの形状、寸法を記録する
- コンセント・プレート、スイッチ・プレートなどの位置、寸法を記録する
- 仕上げ材、仕上げ面の状態を記録する
  例：腰壁の木材の幅@90

STEP4／写真を撮る

1. 可能な範囲で空間全体の記録を撮る。
2. 撮影位置、撮影範囲などをスケッチ（図面）の上に記録する（右ページONE POINT参照）。
3. まずは空間全体、そして、部分の詳細を撮る。

1. 空間全体を記録する写真

連続写真：複数のスナップ写真を並べ、空間全体のつながりを確認する方法

壁面ごとに写真を合成

ONE POINT ／ 撮影時のポイント

- 空間の中央に立って、グルッと体を一周させながら撮影する
- 連続する2枚の写真同士には、共通する部分が写り込むように撮影範囲を調整する
- 壁面などの面の撮影は、真正面からまっすぐ撮るとゆがみが少なく、ほかの写真とつなげやすい

パノラマ写真：デジタルカメラのパノラマ撮影機能・360°撮影機能などを利用して空間を記録する方法

部屋全体の360°写真

天井を見上げる　　東から西を見る

ONE POINT ／ 撮影時のポイント

- カメラの機種によっては、撮影中に体を動かせない場合があるので、撮影しやすい場所を選ぶ
- パノラマ撮影は、カメラを左右に動かす撮影のほか、上下に動かす撮影も利用するとよい
- 一度に全体を写せない場合は、数回に分けて撮影し、連続写真同様に複数の写真を並べて確認する

360°写真の場合、上の写真のように全体を展開した1枚の写真として見られるほか、アプリを利用して左の写真のように空間をスクロールさせて見ることができる

2. 部分の詳細を記録する写真

壁、天井、建具など、形状に特徴のある箇所を記録するための写真を撮る。

天井と壁の取り合い部分

天井下に梁が下がっている部分

ONE POINT / 記録のコツ

1. 撮影位置の記録

撮影位置を記録する専用の記録用紙をつくるとよいでしょう。
平面スケッチに撮影位置を図示して記録します。撮影順に、符号（A、B、C…）を記し、撮影者の立ち位置と撮影方向を矢印などで表示します。
連続写真やパノラマ写真を撮影した場合は、円弧を描いて表示するとわかりやすいです（図のAとB）。記録用紙には、物件名、エリア、調査日時、撮影者などをメモすることを忘れないようにしましょう。

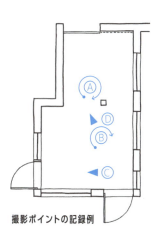
撮影ポイントの記録例

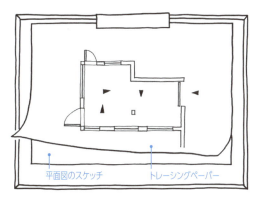
トレーシングペーパーを使う記録方法

> 記録の方法として便利なのが、平面図のスケッチ上に重ねたトレーシングペーパーに描き込む方法。平面図とトレーシングペーパーは、バラバラにならないようにセットで保存しよう

2. 寸法計測と記録の豆知識

実測の道具が整っていないときに、寸法を知りたい、記録したいという場面に遭遇したら、手持ちの道具、自分の身体寸法を利用して計測・記録する方法を試みてみましょう。
身体寸法がわかっていると、計測道具が使えなくても、おおよその寸法がわかります。自分の身体まわりの寸法を一度確認しておくとよいでしょう。
例：身長、手を上げた高さ、両手を広げた長さ、人差し指の幅、1歩の長さ（p.156の歩測を参照）など。
自分の身体のなかでほぼ300mmとなる部分を知っておくのもよいですね。肘から親指の付け根の辺りまで、など。

定規とカメラがあれば、測りたい場所に定規を当てた状態で撮って記録することができる。何らかの理由でメモをとることができない状況でも記録することが可能

定規がなくてもカメラさえあれば、測りたい部分に、自分の身体を対応させて測定・記録することができる。
左の写真：長さ約15mmの指の爪、指の幅を当てて、部材のおおよその寸法を測定
右の写真：写っている指の長さを、あとから定規を当てて確認すると約30mmとわかる

STEP5／調査結果をアーカイヴしよう

1. 実測調査から得られた情報を整理し、共通の図面表現にまとめる。
2. CAD化した図面、スケッチや写真などの参考資料をレイアウトする。
3. 建築概要などの情報を記入する。

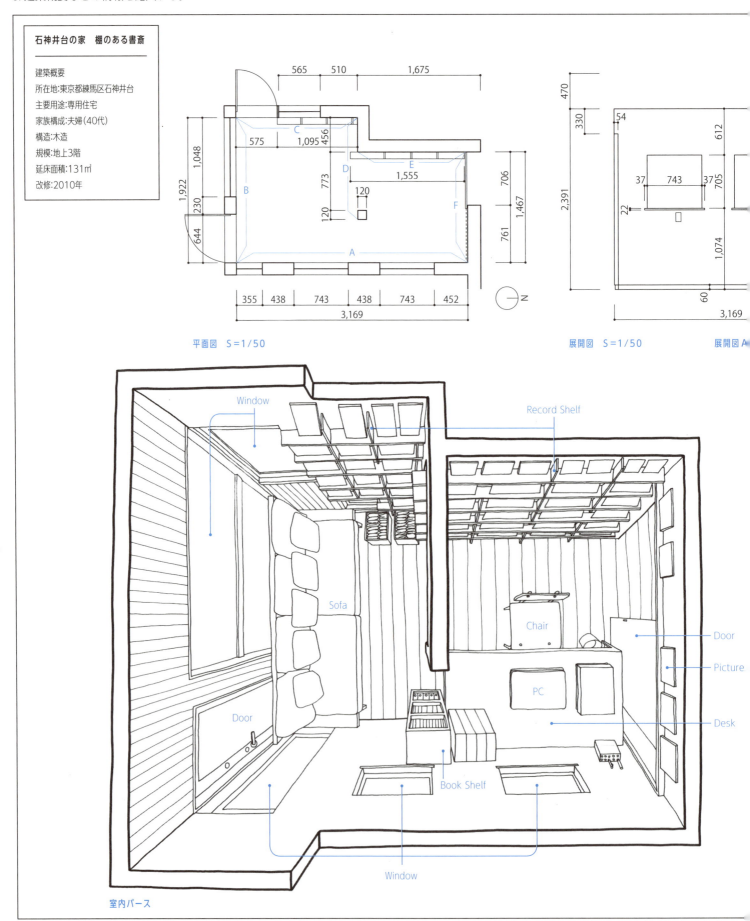

石神井台の家　棚のある書斎

建築概要
所在地:東京都練馬区石神井台
主要用途:専用住宅
家族構成:夫婦(40代)
構造:木造
規模:地上3階
延床面積:131㎡
改修:2010年

平面図　S＝1/50

展開図　S＝1/50

室内パース

ONE POINT / アーカイヴの更なる展開

建築の記録にとどまらず、空間の使われ方の記録をとってアーカイヴを展開させてみましょう。家具のレイアウトや、所有しているものとその置き場所など、事細かに記録するのです。いわゆる、「住み方調査」のようなものの素材をつくることへとつながります。たとえば下の図は、実測で描き起こした平面図と展開図から、部屋全体を俯瞰パースで表現し、その中に家具などを描き入れています。その空間のスケール感や、どのような住み方をしているのかがよくわかります。

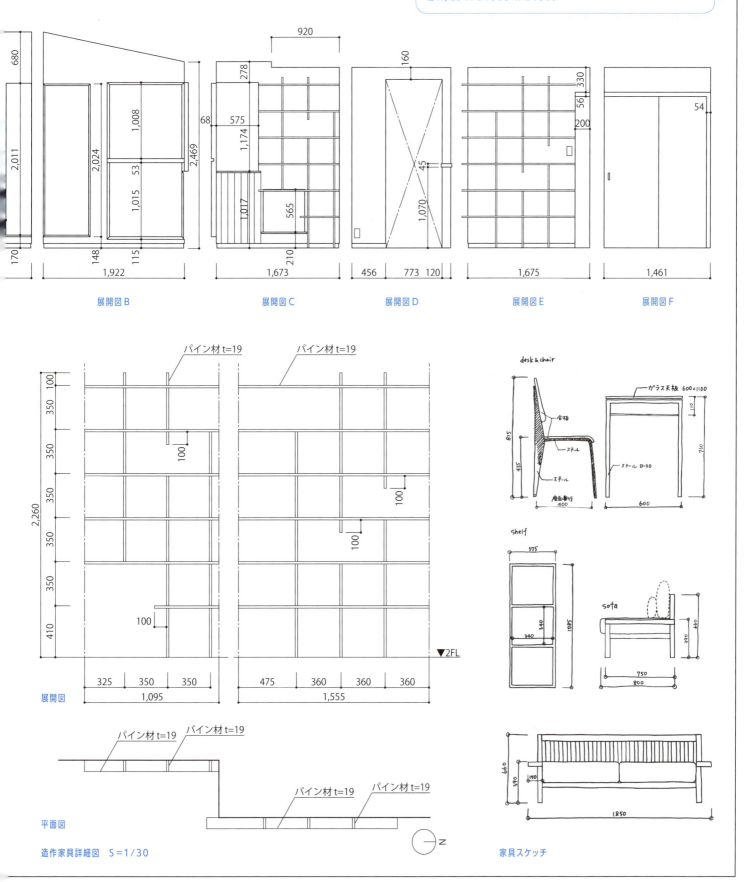

事例紹介
「石神井台の家」の実測と改修

　実際の設計において、特にリノベーションを行うときは、実測図面が必要となることが多く、重要な役割を担います。実測図面の活用について、「石神井台の家」を事例として見てみましょう。

　「石神井台の家」は筆者の自邸であり、築22年（改修当時）の木造3階建ての戸建て中古住宅をリノベーションした住宅作品です。

　既存の住宅は、1階は経年劣化が激しく住めない状態で、2、3階は前住人によって比較的近年に改修が施されていました。また、水まわりはほぼ使用できないような状態でした。

　そこで、全体のコストに配慮しながら、1階を全面的に改修し、2、3階は水まわりを中心に部分的に改修を行う設計方針をたてました。

現況の把握、実測調査の実施

古い住宅の場合、図面（竣工図や設計図）が残っていないことが多々あります。既存の「石神井台の家」も図面が断片的にしか残っておらず、加えて元の住人により改修されていた部分が多かったため、既存住宅を実測調査することにより、図面を起こす必要がありました。
まず、手元に残っている断片的な資料からわかる範囲で既存住宅の大枠の図面を起こします。その図面をベースにして、各部や細部の寸法を実測調査で計測し、既存住宅の図面を作成します。平面図と並行して、展開図の作成に必要な寸法を記録し、実測を進めていきます（右ページの図面参照）。

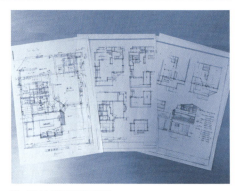

残っていた既存住宅の図面
スケッチレベルや、実際の建物と相違する箇所がある図面など、全面的に頼ることはできない

実測図面から設計を考える

実測調査の結果をCAD図面化し、その図面を活用しながら設計を進めていきます。今回の設計の基本的な考え方は、「壁によって用途ごとの小部屋に分節されていた既存の空間に対し、柱のみを残し、可能なかぎり壁を取り払うことにより、大きくゆるやかにつながるワンルームとする」ということです。

その大らかなワンルームに、既存の古い柱の配置を頼りに、3つのオープンシェルフとそれに直交する屋外まで連続して伸びる細長いカウンターテーブルを挿入することにより、読書スペース、作業スペース、喫茶スペースなどの異なる性格をもつ5つの小さなヒューマンスケールの居場所を創出しています。ここでは、柱の位置や開口の位置が設計上のポイントになるため、実測により正確な寸法を把握しておくことが重要でした。

壁がなくなることで、日中の暗さから解放され、さまざまな高さにある開口から光を取り込むことが可能になり、明るく開放的な空間となると同時に、適度に囲われた心地良さがある空間が生まれています。既存部分と新しい建築要素を分け隔てることなく、古いものと新しいものの不統一な要素がゆるやかにつながる（連続体のような）空間をつくり出しています。

内装解体時の1階

改修前の住居の様子

内観（右が寝室、左は廊下）

和室

寝室

トイレに露出している階段裏

■：解体時に撤去した壁

改修前1階平面図　S=1/150

リノベーションのプロセスと設計コンセプト

1階の実測調査図（CADで表現したベース図面に実測した結果を書き込んだもの）

内装解体時　　　採光のグラデーション分布　　　改修後1階平面図

実測図面→最終の設計図へ

実測調査からはじまったプロセスは最終的に設計図としてまとめます。この設計図をもとに施工が行われ、リノベーションにより生まれる新たな住宅が出来上がります。ここでは、「石神井台の家」の平面図、展開図、パース表現をした断面図とともに、リノベーション後の様子を紹介します。

p.167の実測調査図を用いて、施工ができる段階にまで完成させた平面図。開口や造作家具などの寸法もひとつひとつ図面上に記載。また、「石神井台の家」はリノベーションのため、平面図上に主要な仕上げや、化粧鏡といった建築に付属する備品などの細かい部位に関しても記載しているのが特徴。この平面図では見やすさを考慮し、寸法線と引き出し線（文字）を青色で表示した

内装のリノベーションの場合は、展開図で表現が足りると、断面図が必須ではない（すなわち描かない）場合もある。「石神井台の家」の場合は、内部のカウンターが住宅の外部に連続しているような構成が特徴であるため、断面図を作成した。この図面は断面パースのかたちをとっており、内部空間の構成をわかりやすく表現している

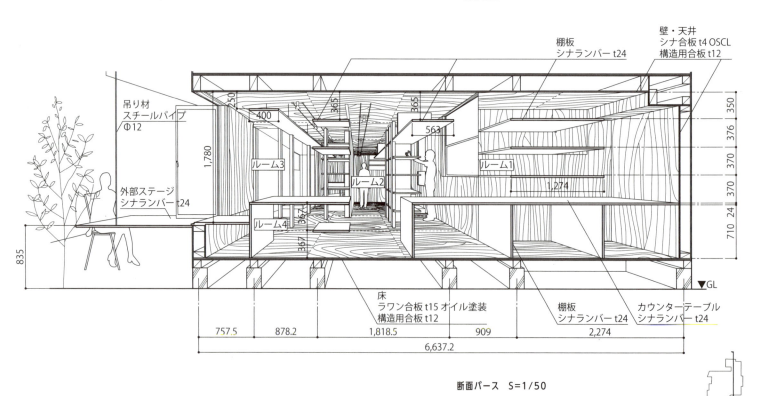

1階平面図　S=1/80

断面パース　S=1/50

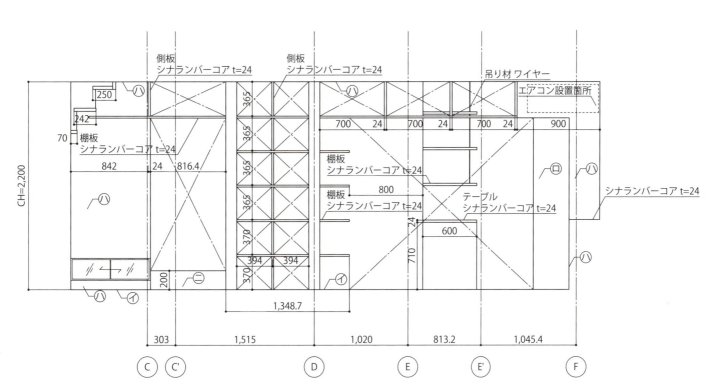

棚展開図A　S=1/40

棚展開図B　S=1/40

住宅建築の設計では建築の内部を表現する展開図が非常に重要。リノベーション計画は、その仕上げなどを展開図に詳細に記載して施工者に伝える。壁、床、天井の材料・仕上げは、凡例として図面上に示すことで図面をすっきり見やすくしている。この図面では、同じ材料を使用している壁面が多いため、境界線（見切り線）ごとに仕上げを示すようにしている

壁を解体して露わになった古い柱と、新たに建てられた柱が並ぶ空間。これらの柱の位置を頼りに棚を平行に配置することにより、レイヤー状の空間を生み、ひとつの大きな空間をゆるやかに区切っている

平行に並ぶ棚とカウンターテーブルを直交して配することにより、小さな居場所をつくり出している。カウンターと棚は場所ごとにデザインを変え、テーブルになったり、ベンチになったり、吊り棚になったり、スクリーンのようになったりと、さまざまな展開をしている

カウンターテーブルが開口近くで座面レベルまで低くなり、そのままの高さで屋外へと続いていく。外の庭では再びカウンターテーブルとして機能しながら、内部と外部の空間をつなぎ、街への広がりを見せている

1) 線の太さ(3種)、線の種類(3種)を描き分ける練習です。約20cmの長さの線を一息に引きましょう。

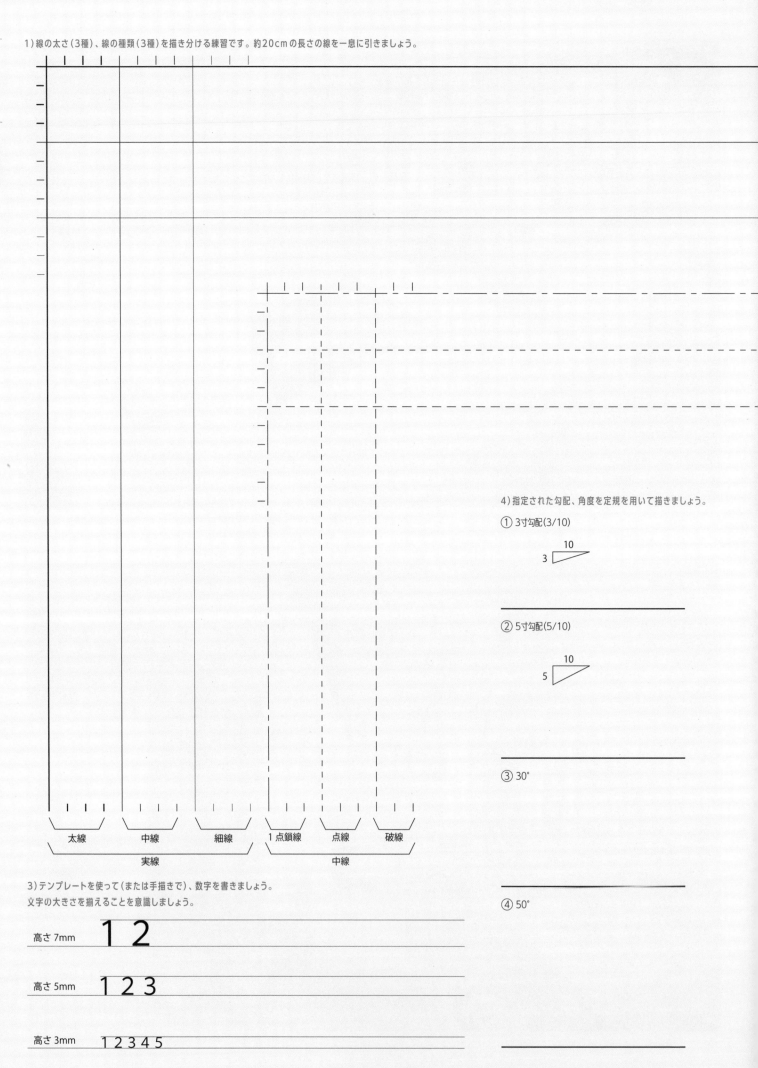

太線 / 中線 / 細線 / 1点鎖線 / 点線 / 破線
実線 / 中線

3) テンプレートを使って(または手描きで)、数字を書きましょう。
文字の大きさを揃えることを意識しましょう。

高さ7mm　1 2

高さ5mm　1 2 3

高さ3mm　1 2 3 4 5

4) 指定された勾配、角度を定規を用いて描きましょう。

① 3寸勾配(3/10)

② 5寸勾配(5/10)

③ 30°

④ 50°

2) 斜め45°の直線を練習しましょう。

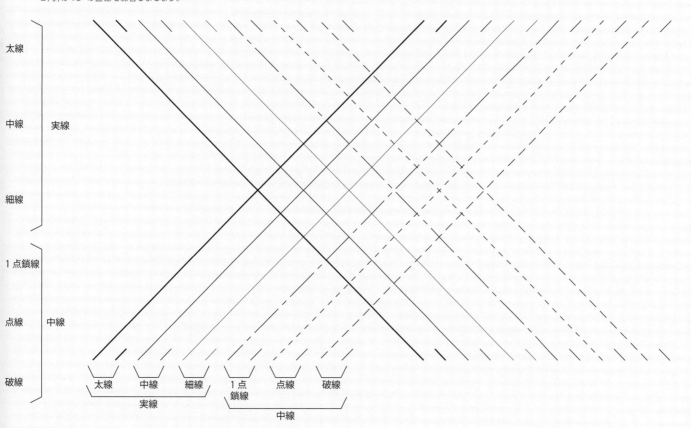

5) テンプレートを使って、正方形、円形を下に指示された大きさで描きましょう。
1点鎖線を補助線と考えて、テンプレートのガイドを合わせましょう。
線は実線・太線で描きます。

6) 実線・太線を用いて、入れ子の正方形を2個描きましょう。
40mm×40mmの1点鎖線を基準にして、
5mm外側に大きい正方形を、5mm内側に小さい正方形を描きましょう。

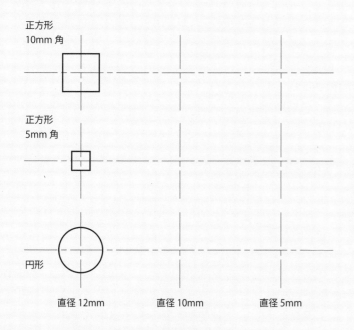

7) テンプレートを使って、中心角90°の円弧を描きましょう。

日付：　　　　　　　　　学籍番号：　　　　　　　　　氏名：

おわりに

　20年以上前に学生だった頃、図面を初めて引いたのは、古今東西の名作建築の青焼き図面が配られて、ただ、「トレースしてきなさい」という課題に挑んだときのことでした。ルイス・カーンのキンベル美術館、慈照寺東求堂、アクロポリスのプロピュライア、安藤忠雄の住吉の長屋と、なんと一貫性のない課題が続くのかと戸惑いながら取り組んでいました。裏を返せば、「建築は同様の図面表現のルールで表すことができるものであり、図面は世界共通で、時代を超える壮大なスケールのコミュニケーションツールであるかもしれない！」と思い当たって感慨を覚えたのはずっと後のことです。これら個々の建築のデザインに触れた経験は、図面のルールを学ぶ機会となり、日本建築、西洋建築、現代建築などへの興味をかき立ててくれるきっかけにもなりました。

　時を経て図面の描き方を教えることになったとき、トレースする図面は、建築として見どころがあることは必須で、なおかつ実際に訪れることができる作品にしようとまっさきに決めました。この本で紹介した建築作品のうち、前川國男自邸は江戸東京たてもの園に移築復元され、シルバーハットは今治市伊東豊雄建築ミュージアムに再建されて、（忠実に同じ姿でないにせよ）実際にその建築を見学することができます。図面を片手に実際の建築を訪れてみると、実物ならではの見どころを発見することができると思います。そのあとにあらためて図面を見直し、実物と見比べてみることが何よりの収穫になります。百聞は一見に如かず、です。

　建築を学びはじめたばかりの学生のみなさんへ。今は図面のトレースだけで精一杯かもしれませんし、図面のトレースは思うようにうまくいかなくて落ち込むことがあるかもしれません。図面の疑問点は、実際の建築が最良の先生となって教えてくれます。教科書とのにらめっこで煮詰まってしまったら、その時は実際の建築を納得がいくまで、穴があくほど観察してみるのはどうでしょう。建築をある程度学んだ学生、および設計の世界ですでに活躍し始めているみなさんへ。「建築を学びはじめて何年か経っても、製図の教科書が大変役立っている」という声をよく聞きます。おそらく、建築計画、構造や施工法、環境計画、建築史などの知見の広がりが、図面表現のステップアップにつながっているのだと思います。今後はCADで図面を描く機会が圧倒的に多いと思いますが、CADも手描きも図面のルールは同じです。わからないことがあれば、この本を開いてみてください。本書が、建築を学ぶ学生たちの、建築に興味がある方々の、ささやかな助けとなり、楽しみとなれば嬉しく思います。

　そして、本書の出版に当たって、たくさんの方々にご協力いただきました。素敵なイラストを描いてくださった得地直美さん、素敵な本のデザインに仕上げていただいた浜名信次さん、図面や図版の作成に協力してくれた事務所スタッフの平田悠さん（当時）、渕上朋子さん、どうもありがとうございます。この本の刊行の機会をくださった彰国社さん、そして企画から刊行まで的確な助言とともに、彰国社編集部の尾関恵さんには2年以上の長い道のりを一緒に歩んでくださいました。この場を借りて深く感謝申し上げます。そして家族のみんな、子どもたち。いつも元気をくれてありがとっ。大きくなってこの本を読んでください。建築の道に進むかどうかわからないけど、少しでも役に立てばと思っています。

　最後に本書を手に取ってくださった読者のみなさん、本当にありがとうございます。素晴らしい建築家として活躍される方が一人でも多く現れることを願っています。

2018年9月　水谷玲子

参考文献

日本建築学会編『コンパクト建築設計資料集成 第2版』丸善、1994年
日本建築学会編『コンパクト建築設計資料集成 第3版』丸善、2005年
中山繁信・長沖充著『階段がわかる本』彰国社、2010年
布野修司編『日本の住宅 戦後50年 21世紀へ―変わるものと変わらないものを検証する』彰国社、1995年
生誕100年・前川國男建築展実行委員会監修・発行『生誕100年 前川國男建築展 図録』2005年
中田準一著『前川さん、すべて自邸でやってたんですね 前川國男のアイデンティティー』彰国社、2015年
レム・コールハース、ハンス・ウルリッヒ・オブリスト著、太田佳代子、ジェームス・ウェストコット、AMO編『プロジェクト・ジャパン メタボリズムは語る…』平凡社、2012年
伊東豊雄建築設計事務所編著『伊東豊雄／ライト・ストラクチャーのディテール』彰国社、2001年
伊東豊雄著『伊東豊雄の建築1 1971-2001』TOTO出版、2013年
＊前川國男自邸、スカイハウス、シルバーハットの原図作成の参考とした資料については本書p.6に記載した。

著者略歴

水谷俊博（みずたにとしひろ）

1970年	兵庫県生まれ
1997年	京都大学大学院工学研究科建築学専攻修了
1997〜2005年	佐藤総合計画
2005年	水谷俊博建築設計事務所設立
2005〜2009年	武蔵野大学専任講師
2009〜2017年	武蔵野大学准教授
2017年〜	武蔵野大学教授
現在	武蔵野大学工学部建築デザイン学科教授、水谷俊博建築設計事務所代表
	一級建築士
主な作品	「アーツ前橋」
	「武蔵野クリーンセンター」
	「むさしのエコreゾート」（日本建築学会賞（業績）、2023年）
	「むさし野文学館」
	「Off the Wall－石神井台の家」
	「里山フィールドミュージアムビジターセンター（大地の芸術祭越後妻有アートトリエンナーレ2015）」ほか
著作	『環境デザインの試行』（共著、武蔵野大学出版会）
	『文化がみの〜れ物語』（共著、茨城新聞社）ほか

水谷玲子（みずたにれいこ）

1976年	兵庫県生まれ
2002年	京都大学大学院工学研究科生活空間学専攻修了
2002〜2008年	大林組
2009〜2020年	水谷俊博建築設計事務所
2009〜2023年	武蔵野大学非常勤講師
	一級建築士
主な作品	「アーツ前橋」
	「武蔵野クリーンセンター」
	「Off the Wall－石神井台の家」ほか

写真	キッチンミノル	p.15
	彰国社写真部	p.38〜39、41、90〜91、93下段中央
	川澄明男	p.93上、下段左、下段右、112、116
	藤塚光政	p.134〜135、137右下、151
	大橋富夫	p.137左上、左下（3点とも）、右上
	北田英治	p.150
	畑拓	p.170〜171
図面	前橋市（作図：株式会社アルモ設計）	p.9左段下2点
	前川建築設計事務所	p.40
	菊竹清訓建築設計事務所	p.92
	伊東豊雄建築設計事務所	p.136
	武蔵野大学「基礎デザイン2」（福間真衣、浅賀清花、横澤遼樹）	p.60〜61
協力	江戸東京たてもの園	

イラストレーション（装丁・章扉、本文 p.8、17 ONE POINT内左下、157）：得地直美
ブックデザイン：浜名信次, Nicola Luk (Beach)

New textbook for architectural drawing

建築家の自邸に学ぶ設計製図

2018年11月10日　第1版　発　行
2024年11月10日　第1版　第4刷

著　者	水 谷 俊 博・水 谷 玲 子
発行者	下　出　雅　徳
発行所	株式会社　彰 国 社

著作権者との協定により検印省略

自然科学書協会会員
工学書協会会員

Printed in Japan

©水谷俊博・水谷玲子　2018年

ISBN 978-4-395-32123-0 C3052

162-0067　東京都新宿区富久町8-21
電話 03-3359-3231（大代表）
振替口座　00160-2-173401

印刷：真興社　製本：誠幸堂

https://www.shokokusha.co.jp

本書の内容の一部あるいは全部を、無断で複写（コピー）、複製、および磁気または光記録媒体等への入力を禁止します。許諾については小社あてご照会ください。